CATALOGUE

DE LA

BIBLIOTHÈQUE

DE SAINT-PHILIPPE-DU-ROULE.

PARIS.

IMPRIMERIE H. SIMON DAUTREVILLE ET Cᵉ,
RUE NEUVE-DES-BONS-ENFANTS, 3.

1854

De nombreuses indulgences sont attachées à l'association des bons livres. Cette Bibliothèque, entièrement gratuite, ne se soutient que par les offrandes des Fidèles.

RÈGLEMENT

POUR LE BON ORDRE DE LA BIBLIOTHÈQUE.

ARTICLE PREMIER.

Le prêt des livres est entièrement gratuit.

ARTICLE II.

On ne peut prendre que deux volumes à la fois.

ARTICLE III.

Un volume ne sera pas gardé en lecture plus d'un mois; à l'expiration de ce terme il devra être rendu, ou tout au moins l'emprunteur demandera une prolongation qui pourra lui être refusée si l'ouvrage est attendu par d'autres personnes.

ARTICLE IV.

Il est expressément recommandé de n'écrire, ni sur les titres, ni sur les marges des volumes, de n'y tracer aucun signe, de ne point enlever les étiquettes, en un mot, d'éviter avec soin tout ce qui peut les endommager.

CATALOGUE

DE LA

BIBLIOTHÈQUE DE SAINT-PHILIPPE-DU-ROULE.

A

Abd-el-Kader au château d'Amboise, par Monseigneur Dupuch, un vol. in-8.

Abrégé de la douloureuse passion de Notre-Seigneur Jésus-Christ, un vol. in-18.

Abrégé de l'Histoire de France, depuis Pharamond jusqu'à la mort de Louis XVI, 2 vol. in-12.

Abrégé de l'Histoire de la Religion catholique depuis la création jusqu'à nos jours, par la comtesse de Semallé, 3 vol. in-12.

Abrégé de l'Histoire de l'Ancien-Testament, par Christophe Schmid, un vol. in-18.

Abrégé de l'Histoire des Croisades, par F. Valentin, un vol. in-12.

Abrégé de l'Histoire du Bas-Empire de Lebeau, par Ant. Caillot, 2 vol. in-12.

Abrégé de l'Histoire générale des voyages, par J.-F. de La Harpe. Edition revue et corrigée par le baron de Roujoux, 30 vol. in-8.

Abrégé de l'Histoire universelle d'Anquetil, par Ant. Caillot, 2 vol. in-12.

Abrégé de la Méthode pratique pour converser avec Dieu, par le R. P. A. Franc, un vol. in-18.

Abrégé de la pratique de la perfection chrétienne, tiré des œuvres du R. P. Alphonse Rodriguez, 2 vol. in-12.

Abrégé de la vie de Louis Stefanelli, traduit de l'italien, un vol. in-12.

Abrégé de la vie de saint Jean de la Croix, trad. de l'italien par le R. P. Amable de Saint-Joseph, un vol. in-12.

Abrégé de la vie des plus illustres philosophes de l'Antiquité, par Fénélon, un vol. in-18.

Abrégé des Mémoires pour servir à l'histoire du Jacobinisme, par Monsieur l'abbé Barruel, 2 vol. in-12.

Abrégé des vies des Pères et des Martyrs, etc., par Godescard, 4 vol. in-12.

Abrégé de tous les voyages autour du Monde, par E. Garnier, 2 vol. in-12.

Abrégé des voyages de Levaillant, 1 vol. in-12.

Abrégé du Mémorial sur la Révolution française, ses causes, ses promesses et ses résultats, par M. d'Exauvillez, un vol. in-12.

Adalbert ou l'Anacharsis chrétien au xiiiᵉ siècle, par de Fontaine de Resbecq, 2 vol. in-18.

Adam ou la Création, par le vicomte Walsh, un vol. in-18.

Adélaïde de Wistbury ou la pieuse Pensionnaire, par le R. P. Michel-Ange Marin, un vol. in-12.

Adhémar de Belcastel ou Ne jugez point sans connaître, imité de l'anglais, un vol. in-12.

Adolphe et Mélanie ou la Persévérance après la première communion, par M. l'abbé Ch. Auber, un vol. in-18.

Adresse pour utilement procurer le salut des âmes, par M. Louis Abelly, un vol. in-18.

Agnès ou la Petite joueuse de luth, un vol. in-18.

Agnès de Lauvens, par L. Veuillot, 2 vol. in-12.

Aimable (L') Jésus, par le P. J. Brignon, un vol. in-18.

Albertine ou la Connaissance de Jésus-Christ, par L. Friedel, 2 vol. in-18.

Album d'Eléonore, un vol. in-18.

Album du jeune botaniste, un vol. in-18.

Alexandre ou les Avantages d'une éducation chrétienne, un vol. in-18.

Alfred et Casimir, Scènes et Causeries de famille, 2 vol. in-12.

Algérie (L') chrétienne, par A.-E. Gron, un vol. in-12.

Aline et Marie ou les Jeunes Parisiennes en Suisse, par Mme R. S***, un vol. in-12.

Alphonse de Mirecourt ou les Préventions contre la religion vaincues, par M. B. d'Exauvillez, suivi d'**Edouard** ou le Respect humain vaincu, un vol. in-18.

Alphonse et Philippe ou Bonté de cœur et Jalousie, par Mlle Brun, un vol. in-18.

Alton Park ou Conversations sur divers sujets moraux et religieux à l'usage des jeunes personnes, 2 vol. in-8.

Amalia Corsini ou l'Orpheline de Sienne, par Victor Doublet, un vol. in-12.

Ambition et Simplicité, par Mme Césarie Farrenc, un vol. in-12.

Ambroise ou le Triomphe de la Foi sur l'Incrédulité, par A. Peigné, un vol. in-12.

Ame affermie dans la Foi et prémunie contre la séduction de l'Erreur, par Baudrand, un vol. in-12.

Amélie ou le Triomphe de la Piété, par Mme L. Bernier, un vol. in-12.

Ame (L') contemplant les grandeurs de Dieu, un vol. in-12.

Ame (L') **consolée** ou Madame de Montmorency à Moulins, par Mlle A. Celliez, un vol. in-18.

Ame (L') **dévote** à la Très-Sainte-Eucharistie, par l'abbé J.-B. Pagani, directeur spirituel du séminaire de Novara, un vol. in-18.

Ame (L') élevée à Dieu par les réflexions et les sentiments, pour chaque jour du mois, suivie de l'Ame pénitente ou le nouveau Pensez-y-bien, un vol. in-12.

Ame (L'). Entretiens de famille sur son existence, son origine, etc., un vol. in-12.

Ame (L') **fidèle** animée de l'esprit de Jésus-Christ par la considération sur les divers mystères, avec des considérations sur les mystères de la sainte Vierge, par l'abbé Baudrand, un vol in-12.

Ame (L') **intérieure** ou Conduite spirituelle dans les Voies de Dieu, par le P. Baudrand, un vol. in-12.

Ame (L') **religieuse** élevée à la perfection par les exercices de la vie intérieure, par le P. Baudrand, un vol. in-12.

Ame (L') **sanctifiée** par la perfection de toutes les actions de la vie, un vol. in-12.

Ame (L') se préparant à l'éternité par les sentiments de l'amour divin, un vol. in-12.

Ame (L') sur le Calvaire, considérant les souffrances de Jésus-Christ, un vol. in-12.

Ame (L') unie à Jésus-Christ dans le Très-Saint-Sacrement de l'autel, par Mme la comtesse de Carcado, 2 vol. in-12.

Ami (L') **de l'Enfance** ou Vie de J.-B. de La Salle, instituteur des Frères des Ecoles chrétiennes, un vol. in-18.

Ami (L') **de la Religion**, pour faire suite aux Annales de la Religion de l'année 1827 à 1853, 18 vol. in-8.

Ami (L') **des Enfants**, par Berquin, un vol. in-18.

Ami (L') zélé des Pêcheurs ou Pressantes exhortations faites aux Pêcheurs, par M. l'abbé ***, un vol. in-12.

Amis (Les) de Collége ou Vice et Vertu, par Mme Césarie Farrenc, un vol. in-12.

Anatole, ou les Epreuves de la Piété filiale, un vol. in-18.

Andréas ou le Prêtre soldat, épisode de la Révolution française, par Devoile, un vol. in-12.

Anecdotes chrétiennes ou Recueil de traits d'histoires choisies, 2 vol. in-12.

Anecdotes chrétiennes, par l'abbé Reyre, 2 vol. in-12.

Anecdotes chrétiennes, par l'auteur du Mentor des Enfants, 2 vol. in-12.

Ange (L') conducteur dans la dévotion chrétienne, un vol. in-18.

Ange (L') consolateur, suivi de l'Ame consolée ou Madame de Montmorency à Moulins, par Mlle A. Cellicz, un vol. in-18.

Ange (Un) de la terre, un vol. in-18.

Ange (L') gardien de la Jeune ouvrière, un vol. in-18.

Angéline, de Mazile, un vol. in-18.

Angélique ou Modèle des Épouses chétiennes, par J. Bocous, un vol. in-18.

Anna et Maria ou Deux Chemins dans la Vie, par André le Conteur.

Anna ou la Piété filiale, par M. de Marlès, un vol. in-12.

Annales de la Propagation de la Foi.

Annales de la Religion, 18 vol. in-8.

Annales de la Sainte-Enfance.

Annales du Moyen-Age, comprenant l'Histoire des temps qui se sont écoulés depuis la décadence de l'Empire romain jusqu'à la mort de Charlemagne, 8 vol. in-8.

Anne de Gierstein, la Fille du brouillard, par M. d'Exauvillez, un vol. in-12.

Annette, suivie de Béatrice ou l'épouse chrétienne, un vol. in-18.

Anselme ou le Mendiant, un vol. in-18.

Antiquaire (L'), par M. d'Exauvillez, un vol. in-12.

Antiquités nationales, par M. Boutteville, un vol. in-12.

Antoine et Joseph, par Mme Césarie Farrenc, un vol. in-12.

Antoine ou le Bon père de famille, un vol. in-18.

Antoine ou le Retour au Village, par l'abbé de Valette, un vol. in-12.

Apologétique (L') et les Prescriptions de Tertullien, suivi de l'Octavius de Minucius Félix, un vol. in-8.

Appel à la Raison sur la Vérité religieuse, par l'abbé Edouard Barthe, un vol. in-8.

Arbre (L') jugé par ses fruits, ou Conséquences des mauvais principes, par l'abbé G. A , un vol. in-18.

Arche (L') **du Peuple,** par Platon Polichinelle, 2 vol. in-18.

Art (L') **de rendre heureux** tout ce qui nous entoure, ou Petit Traité sur le caractère, par l'abbé Carron, un vol. in-18.

Art (L') **de se tranquilliser** dans tous les évènements de la vie.

Art pour arriver au vrai, ou Philosophie pratique, par Jacques Balmès, 2 vol. in-12.

Artisan (L') **chrétien,** un vol. in-18.

Asie (L'), d'après les Voyageurs les plus célèbres, un vol. in-12.

Arthur et Laure ou Petits voyageurs français en Europe, par A. Guichard, 1 vol. in-12.

Association à la dévotion des Sacrés-Cœurs de Jésus et de Marie, un vol. in-32.

Athanase-le-Grand et l'Eglise de son temps en lutte avec l'Arianisme, par Jean-Adam Mœhler, 3 vol. in-8.

Auguste et Thérèse ou le Retour à la Foi, par Mme Tarbé des Sablons, un vol. in-12.

Aurélie ou le Monde et la Piété, par M. d'Exauvillez, un vol. in-12.

Automne (L'), par Mlle Brun, 2 vol. in-18.

Avent de Bourdaloue, un vol. in-12.

Avent de Massillon, un vol. in-12.

Aventures de Mer, par M. C. G., un vol. in-12.

Aventures (Les) **de Nigel,** par M. d'Exauvillez, un vol. in-12.

Aventures de Télémaque, par Fénélon, 2 vol. in-18.

Aventures (Les) **du calife Haroun-al-Raschid,** suivies de plusieurs autres contes arabes, traduits par Galland, un vol. in-12.

Aventures d'un Gentilhomme, par G. de la Landelle, 2 vol. in-8.

Aventures et Conquêtes de Fernand Cortez au Mexique, par Henri Lebrun, un vol. in-12.

Avertissements aux Protestants, par Bossuet, 2 vol. in-12.

B

Bague (La) **trouvée,** un vol. in-18.

Barque (La) **du Pêcheur,** un vol. in-18.

Bastien ou le Dévouement filial, par Mme Césarie Farrenc, un vol. in-18.

Beau (Le) **Soir de la Vie**, précédé des Lettres d'Ariste à Philémon, par l'abbé Carron, un vol. in-18.

Beautés des Leçons de la Nature, un vol. in-12.

Bernard et Armand ou les Ouvriers chrétiens, un vol. in-18.

Bethléem (Le), par Mme Élise Voïart, un vol. in-32.

Bible (La) **de l'Enfance**, par l'abbé Martin de Noirlieu, un vol. in-18.

Bienfaits (Les) **de la Providence**, un vol. in-18.

Bienfaits du Catholicisme dans la Société, par l'abbé Pinard, un vol. in-8.

Bienheureuse (La) **Marie de l'Incarnation**, fondatrice des Carmélites en France, par l'abbé Trou, un vol. in-12.

Blanche de Bourbon, par Alexandrine Desves, un vol. in-12.

Blanche de Savenay, par Mlle E. Brun, un vol. in-12.

Bon Curé (Le), par M. B. d'Exauvillez, un vol. in-18.

Bon Paysan (Le) ou Thomas converti, un vol. in-18.

Bon Sens (Le) **du Père Richard** ou Causeries familières sur divers sujets de morale et de religion, un vol. in-12

Bon Sens (Le) **du Peuple**, un vol. in-18.

Bonne Fridoline (La), un vol. in-18.

Bonne Sœur (La), ou les Trois Orphelins, par Mme Manceau, 2 vol. in-12.

Bonheur (Le) des Époux chrétiens, un vol. in-18.

Bonne Mort (De la), Ve opuscule du cardinal Bellarmin, un vol. in-18.

Botanique à l'usage de la Jeunesse, par Mme B***, un vol. in-12.

Bouclier (Le) de la Foi, par l'abbé Maupoint, un vol. in-12.

Braconniers (Les) ou les Dangers de la Colère, un vol. in-32.

Bramines (Les), un vol. in-18.

Bruno, imité de l'allemand, un vol. in 12.

C

Cabane (La) **du Pêcheur**, un vol. in-18.

Caractères de La Bruyère, Édition corrigée et annotée, par par M. l'abbé Drioux, un vol. in-12.

Caractères de la Vraie Dévotion, par le R. P. Grou, un vol. in-18.

Carême de Bourdaloue, 3 vol. in-12.

Carême de Massillon, 3 vol. in-12.

Caroline ou l'Orpheline de Jurançon, un vol. in-18.

Catéchisme chrétien pour la vie intérieure, par M. Olier, un vol. in-18.

Catéchisme de Charency, 5 vol in-12.

Catéchisme du Catéchumène, par M. A. Charvaz, 5 vol. in-12.

Catéchisme du Diocèse de Paris, un vol. in-18.

Catéchisme pratique ou Règles de se conduire chrétiennement dans le monde, traduit de l'anglais par un prêtre français pendant son exil en Angleterre, 2 vol. in-12.

Catéchisme raisonné sur les fondements de la foi, par M. Aimé, un vol. in-18.

Catéchisme spirituel de la perfection chrétienne, composé par le R. P. Surin, 2 vol. in-12.

Causeries du Soir ou Exposition de la Doctrine chrétienne, par Alphonse de Milly, un vol. in-8.

Causeries littéraires et morales sur quelques Femmes célèbres, par Émile Deschamps, un vol. in-12.

Cécile ou la Jeune Organiste, par Mlle Eulalie Benoît, un vol. in-18.

Céline ou l'Influence d'un bon Caractère, par Mme Manceau, un vol. in-12.

Certitude des Preuves du Christianisme, par l'abbé Bergier, un vol. in-8.

Chants historiques extraits des Poésies inédites de Silvio Pellico, un vol. in-12.

Charmes (Les) **de la Société du Chrétien**, un vol. in-12.

Château (Le) **de Malpertus** ou Conversations sur les Commandements de Dieu, un vol. in-18.

Château (Le) **et la Chaumière** ou l'Influence du bon Exemple, par Mme la baronne de Grune, un vol. in-12.

Château (Le) **intérieur** ou les Demeures, par sainte Thérèse, un vol. in-12.

Châtelaines (Les) **de Roussillon** ou le Quercy au XVIe siècle, par Mme Eugénie de la Rochère, un vol. in-12.

Chefs-d'Œuvre d'éloquence chrétienne ou Sermons de Bourdaloue, Bossuet, Fénelon, Massillon, 2 vol. in-12.

Chefs-d'Œuvre de l'Éloquence française et de la Tribune anglaise, par l'abbé Marcel, 3 vol. in-8.

Chinois (Les), par H. de Chavannes de la Giraudière.

Choix de beaux Exemples tirés des auteurs anciens et modernes, un vol. in-12.

Choix de Lettres de saint Bernard, les plus appropriées aux besoins des personnes pieuses et des gens du monde, mises en ordre par l'abbé Ch. Melot, un vol. in-12.

Choix de Lettres édifiantes, Missions de Chine, du Levant et d'Amérique, 6 vol. in-8.

Chrétien (Le) **consolé** dans les diverses situations de la vie, par la confiance en Dieu et l'abandon à sa providence, un vol. in-18.

Christ (Le) **devant le Siècle**, par Roselly de Lorgues, un vol. in-8.

Christianisme (Le) démontré par les traditions catholiques, par l'abbé de la Chadenède, 2 vol. in-12.

Christianisme (Le), présenté aux hommes du monde, par Fénelon, 4 vol. in-18.

Christine ou la Religion dans le malheur, un vol. in-18.

Chronologie des Papes, des Conciles généraux et des Conciles des Gaules et de France, par L. de Malastrie, un vol. in-8.

Clef (La) **du Trésor de l'Église** ou Manuel des Indulgences à l'usage des fidèles, par M. l'abbé Ravier, un vol. in-12.

Clémentine ou les Suites d'une Indiscrétion, par Mlle Louise Boyeldieu d'Auvigny, un vol. in-12.

Clotilde ou l'Élève des Sœurs, par M. l'abbé C.-S. J***, un vol. in-18.

Clotilde ou le Triomphe du Christianisme chez les Francs, par Mme Caroline Falaise, un vol. in-12.

Clotilde ou Nouvelle Civilité pour les jeunes personnes, par Mme Tarbé des Sablons, un vol. in-12.

Colonie (La) **chrétienne**, histoire de plusieurs déportés jetés par un naufrage dans une île déserte, par C. Sabatier de Castres, 2 vol. in-12.

Combat (Le) **spirituel**, dans lequel on trouve les moyens les plus sûrs pour vaincre ses passions et triompher du vice, par le R. P. D. Laurent Scupoli, un vol. in-18.

Comte de Valmont (Le) ou les Égarements de la Raison, 5 vol. in-12.

Comte de Varfeuil (Le) ou les Combats de la Foi dans l'Adversité, par M. B. d'Exauvillez, un vol. in-8.

Conduite pour le Carême, par le R. P. Avrillon, un vol. in-12.

Conduite pour le Temps pascal, par M. l'abbé Letourneur, un vol. in-18.

Conduite pour passer saintement le temps de l'**Avent**, par le R. P. Avrillon, un vol. in-12.

Conduite pour passer saintement les fêtes et octaves de la **Pentecôte**, du **Saint-Sacrement** et de l'**Assomption**, par le R. P. Avrillon, un vol. in-12.

Conférences adressées aux Protestants et aux Catholiques, par J.-H. Newman, un vol. in-8.

Conférences théologiques, par le P. d'Argentan, 2 vol. in-8.

Conférences et Discours inédits, par M. D. Frayssinous, 2 vol. in-12.

Conférences, par Massillon, 2 vol. in-12,

Conférences sur la Religion, par M. D. Frayssinous, 3 vol. in-12.

Conférences sur le Protestantisme, par Mgr Wiseman, 2 vol. in-8.

Conférences sur les cérémonies de la **Semaine-sainte** à Rome, par Mgr Wiseman, un vol. in-12.

Connaissance (De la) **de Dieu** et de soi-même, par Bossuet, un vol. in-12.

Connaissance (De la) **et de l'Amour de Jésus-Christ**, par le P. J.-B. Saint-Jure, un vol. in-12.

Connaissance (De la) **et de l'Amour de Jésus-Christ**, un vol. in-18.

Connaissance (De la) **et de l'Amour du Fils de Dieu, N.-S. J.-C.**, par le P. J.-B. Saint-Jure, 3 vol. in-8.

Conquête du Pérou et Histoire de Pizarre, par Henri Lebrun, un vol. in-12.

Conseils de l'Amitié, un vol. in-12.

Conseils et Exemples, un vol. in-18.

Considérations affectueuses sur quelques vérités de la religion, un vol. in-18.

Considérations chrétiennes pour tous les jours de l'année, avec les Évangiles de tous les dimanches, par le R. P. Crasset, 4 vol. in-12.

Considérations propres à faire naître et à entretenir l'amour divin dans nos cœurs, par le R. P. Huby, un vol. in-32

Considérations sur divers points de la morale chrétienne, par C. E. de la Luzerne, 4 vol. in-12.

Considérations sur la France, par le comte J. de Maistre, un vol. in-8.

Considérations sur la Passion de N.-S. J.-C., par C.-E. de la Luzerne, évêque de Langres, un vol. in-18.

Considérations sur la propagation des mauvaises doctrines, un vol. in-12.

Considérations sur le règne des quinze premiers papes qui ont porté le nom de Grégoire, par le chevalier Artaud de Montor, un vol. in-8.

Considérations sur les causes de la grandeur des Romains et de leur décadence, un vol. in-12.

Considérations sur les Œuvres de Dieu, traduit de l'allemand, de C.-C. Sturm, 3 vol. in-8.

Consolateur (Le) des Affligés et des Malades, par l'abbé Martin de Noirlieu, un vol. in-12.

Consolation (La) **du Chrétien** ou Motifs de confiance en Dieu dans les diverses circonstances de la vie, par l'abbé Roissard, un vol. in-12.

Consolations (Les) **de la Religion** dans la perte des personnes qui nous sont chères, par M. Louis Provana de Collegno, un vol. in-18.

Contes de Bretagne, par Paul Féval, un vol. in-12.

Contes du Bocage, par Ed. Ourliac, un vol. in-12.

Contes roses, un vol. in-18.

Continuation de l'Histoire d'Angleterre, du docteur John Lingard, depuis la révolution de 1688 jusqu'à nos jours, 5 vol. in-4.

Controverse entre M. Labro, desservant de Pont-l'Abbé et M. Cambon, pasteur protestant à Marennes, reproduite par M. Labro, un vol. in-12.

Conversations sur la Morale, un vol. in-12.

Conversations sur plusieurs sujets de Morale, par M. P.-C., docteur en Sorbonne, un vol. in-12.

Conversion de cent cinquante ministres anglicans, membres des Universités anglaises et personnes de distinction, par Jules Gondon, un vol. in-18.

Conversion de M. M.-A. Ratisbonne, relation authentique par M. le baron Th. de Bussières, un vol. in-18.

Correspondance de Famille sur le choix des amis, etc., un vol. in-12.

Correspondance de Sophie, par l'auteur des *Trois Pauline*, 2 vol. in-18.

Cosmogonie (De la) **de Moïse** comparée aux faits géologiques, par Marcel de Serre, un vol. in-8.

Couronne de l'Année chrétienne, ou Méditations sur les principales vérités de l'Evangile, disposées pour tous les jours de l'année, selon l'ordre des offices de l'Eglise, par L. Abelly, évêque de Rhodez, 2 vol. in-12.

Cours de leçons religieuses, 2 vol. in-12.

Cours de Lectures sur les Vérités importantes de la Religion, 2 vol. in-12.

Cours de Littérature ancienne et moderne, par J.-F. La Harpe, 17 vol. in-8.

Croix (La) **de Bois**, par Schmid, un vol. in-18.

Croix de Migné (La) vengée de l'incrédulité, par l'abbé Vrindts, un vol. in-8.

D

Dangers (Les) **de la Légèreté**, un vol. in-18.

Découvertes (Les) les plus utiles et les plus célèbres : agriculture, navigation, boussole, écriture, etc., un vol. in-12.

Délais de la Justice divine dans la punition des coupables, traduction de Plutarque, par le comte J. de Maistre, un vol. in-8.

Délices des Ames pieuses ou Recueil de Prières sur différents sujets et particulièrement sur les Sacrements de Pénitence et d'Eucharistie, 2 vol. in-18.

Délices (Mes), un vol. in-32.

Délices du Genre humain ou le Christ proposé à l'amour de l'univers dans sa naissance, dans sa mort, dans sa résurrection, traduits du latin du P. Jérémie Drexelins, par l'abbé Th. Perrin, 2 vol. in-18.

Delphine ou la Langue sans frein, par Mlle Brun, un vol. in-18.

Démonstration de l'Existence de Dieu, par Fénelon, un vol. in-12.

Démonstration évangélique, suivie d'un Essai sur la Tolérance, par Duvoisin, un vol, in-8.

Dernier (Le) **des Rabasteins**, par Al. Mazas, un vol. in-8.

Derniers (Les) **Jours de Pompéi**, imité de Bulwer, un vol. in-12.

Derniers (Les) **jours d'un Condamné**, par Félix Robol, traduit de l'italien, par Mgr Tharin, un vol. in-18.

Description des translations de la Maison de la très sainte Vierge à Lorette, par P.-C. Paulet, un vol. in-12.

Deux Créoles (Les) ou l'Entraînement de l'Exemple, par Mme Saunders, un vol. in-12.

Deux Orphelins (Les) ou Marie pour Mère, par Mme de Sainte-Marie, un vol. in-18.

Deux Traités, l'un sur la Flatterie et les Louanges, l'autre sur la Médisance, un vol. in-12.

Deuxième Plaidoyer religieux sur la pratique et la nécessité de la Confession, un vol. in-18.

Devoirs du Chrétien envers Dieu, et les moyens de pouvoir bien s'en acquitter, par M. Jean-Baptiste de La Salle, un vol in-12.

Devoirs du Jeune Chrétien ou Conseils à Théodore, un vol. in-18.

Dévotion (La) à Notre-Seigneur-Jésus-Christ dans l'Eucharistie, par L.-P. Vaubert, 2 vol. in-12.

Dévotion (La) au Sacré cœur de Jésus, proposée aux enfants, un vol. in-32.

Dévotion (La) aux neuf Chœurs des Saints Anges, et, en particulier, aux Saints Anges gardiens, par Boudon, un vol. in-18.

Dévotion aux souffrances et à la croix de N.-S.-J.-C., un vol. in 12.

Dévotion pratique aux sept principaux Mystères douloureux de la très sainte Vierge, mère de Dieu, un vol. in-18.

Dévotion (La) réconciliée avec l'esprit, par Lefranc de Pompignan, archevêque de Vienne, un vol. in-18.

Dévouement (Le) **fraternel**, épisode du siége de Saragosse, par Mme Woillez, un vol. in-12.

Dialogues des Vivants au XIXe siècle, un vol. in-18.

Dictionnaire historique des hommes qui se sont fait un nom par le génie, les talents, les vertus, les erreurs, depuis le commencement du monde jusqu'à nos jours, par M. l'abbé F.-X. de Fellier, 8 vol. in-8.

Dieu inconnu, par Henri-Marie Boudon, un vol. in-18.

Dieu me voit, un vol. in-18.

Dieu seul ou Association pour l'intérêt de Dieu seul, par Henri-Marie Boudon, un vol. in-18.

Dimanche (Le) **des Soldats**, contes et récits par Anatole de Ségur, un vol. in-18.

Dimanche, (Le) par M. l'abbé Le Courtier, un vol. in-8.

Dimanche (Le) utilement employé ou Dialogue sur les Vérités de la
Religion, un vol. in-18.

Discours sur la vie cachée en Dieu, opuscules par Bossuet, un vol.
in-12.

Discours sur la vie religieuse, par l'abbé Asselin, un vol. in-12.

Discours sur l'histoire ecclésiastique, par l'abbé Fleury, un vol. in-12.

Discours sur l'Histoire universelle, par Bossuet, un vol.
in-12.

Discussion amicale sur l'Église anglicane, et, en général, sur la
Réformation, par l'évêque de Strasbourg, 3 vol. in-8.

Divers Essais pour enseigner les vérités fondamentales de la Religion aux personnes qui ne peuvent pas apprendre la lettre du Catéchisme, surtout quand elles ne savent pas lire, 2 vol. in-12.

Doctrine chrétienne, par Lhomond, un vol. in-12.

Docteur (Le) **du Village**, par M. B. d'Exauvillez, un vol. in-18.

Dogme de la Confession vengé des attaques de l'hérésie et de
l'incrédulité, par l'abbé Ambroise Guillois, un vol. in-12.

Dominicales de Bourdaloue, 4 vol. in-12.

Dom Leo ou le Pouvoir de l'Amitié, un vol. in-12.

Don Quichotte (Le) **Philosophe** ou Histoire de l'avocat Hablard,
4 vol. in-12.

Douze Convives (Les) du chanoine de Tours, légendes variées, par
J. Collin de Plancy, un vol. in-8.

Drames à l'usage des colléges et des pensionnats, un vol. in-12.

Drames et **Proverbes**, un vol. in-18.

<h1 style="text-align:center">E</h1>

École (L') **des jeunes Demoiselles**, par M. l'abbé Reyre, 2 vol.
in-12.

École (L') **des Moeurs** ou Réflexions morales et historiques sur les
maximes de la sagesse, par M. l'abbé Blanchard, 3 vol. in-12.

École (L') **du Hameau** ou l'Élève du bon Pasteur, par Mme C. Farrenc, un vol. in-18.

Écoliers (Les) **vertueux** ou Vies édifiantes de plusieurs jeunes
gens, par l'abbé Carron, 2 vol. in-12.

Edmour et Arthur, un vol. in-12.

Édouard ou le Respect humain vaincu, un vol. in-18.

Édouard de Fermont ou Providence et Repentir, par Mme Louise de R***, un vol. in-12.

Éducation chrétienne, par l'auteur de l'École des Mœurs, 2 vol. in-12.

Éducation de l'Enfance ou Guide des Mères et des Instituteurs, un vol. in-12.

Éducation des Filles, par Fénelon, un vol. in-18.

Éducation (De l') physique et morale des enfants des deux sexes, un vol. in-18.

Église (De l') catholique, apostolique et romaine, par M. L. B., un vol. in-18.

Église (De l') gallicane dans son rapport avec le Souverain-Pontife, par le comte J. de Maistre, un vol. in-8.

Église (De l') schismatique russe, d'après les relations récentes du prétendu saint synode, par le P. Teiner, prêtre de l'Oratoire, un vol. in-8.

Élévations à Dieu, par Bossuet, un vol. in-12.

Élévations à Dieu sur les Psaumes, disposées pour tous les jours du mois, par le R. P. Simon Gourdan, un vol. in-12.

Élisa et Marie ou Vie de deux Enfants des catéchismes de Saint-Sulpice, un vol. in-18.

Élise, par d'Exauvillez, un vol. in-18.

Élise de Saint-Ange ou le meilleur Moyen d'échapper aux dangers du monde et mener une vie chrétienne, par Paul Fafin, un vol. in-18.

Émilie ou Inconstance et Étourderie, suivie du Petit Savoyard et l'Ours, du Chien fidèle, et des deux Poiriers, un vol. in-32.

Émilie ou la petite Élève de Fénelon, par J.-B.-J. Champagne, un vol. in-18.

Emmanuel (L') ou le Remède à tous nos maux, par l'abbé Martinet, un vol. in-12.

Empire (L') du bon Exemple, par Mlle Brun, un vol. in-18.

Encyclopédie progressive, par Mlle M. Forgame, 2 vol. in-18.

Enfance (L') chrétienne, par M. Blanlo, un vol. in-32.

Enfant (Une) de Marie ou Notice sur la vie et la mort de Mlle ***, un vol. in-18.

Enfants (Les) vertueux, imité de Glatz, par Louis Friedel, un vol. in-18.

Enseignement de la Religion, par M. Mérault, 5 vol. in-12.

Entretiens d'Angélique, pour exciter les jeunes personnes du sexe à l'amour et à la pratique de la vertu, un vol. in-12.

Entretiens de Clotilde, pour exciter les jeunes personnes à la vertu, et servir de suite aux Entretiens d'Angélique, un vol. in-12.

Entretiens philosophiques sur la réunion des différentes communions chrétiennes, par le baron de Starck, traduit de l'allemand par l'abbé de Kentzinger, un vol. in-8.

Épouse (L') parfaite, par maître frère Louis de Léon, un vol. in-18.

Épreuves (Les) de la Piété filiale, suite d'Edmour et d'Arthur, un vol. in-12.

Ernest et Louis ou la Douceur et la Colère, par A. de Fontaine de Resbecq, un vol. in-18.

Ernestine ou les Charmes de la Vertu, par Mme Césarie Farrenc, un vol. in-12.

Espérances trompées, par Mme de Sainte-Marie, un vol. in-18.

Esprit (L') consolateur ou Réflexions sur quelques paroles de l'Esprit-Saint, très propres à consoler les âmes affligées, un vol. in-12.

Esprit (L') de sainte Thérèse, par M. Émery, 2 vol. in-12.

Esprit (L') de saint François de Sales, par M. P. C., docteur en Sorbonne, 2 vol. in-12.

Esprit (L') du Bienheureux François de Sales, évêque de Genève, par Jean-Pierre Camus, évêque de Belley, 3 vol. in-8.

Esprit (L') du Christianisme ou la Conformité du chrétien avec Jésus-Christ, suivi d'une Retraite sur l'Amour de N.-S. J.-C., par le P. Nepveu, un vol. in-12.

Esquisses des harmonies de la création, sciences zoologiques, etc., par L.-F. Jéhan, un vol. in-12.

Essai sur la violation des lois de l'abstinence et du jeûne, augmenté d'un petit Précis sur l'Aumône, par J. Marguet, chanoine de Nancy, un vol. in-18.

Essai historique sur l'influence de la Religion en France pendant le XVIIᵉ siècle, ou Tableau des Établissements religieux formés à cette époque, 2 vol. in-8.

Essai sur le Blasphème, par M. J. Marguet de Nancy, un vol. in-18.

Essais dramatiques et moraux, un vol. in-18.

Été (L'), par Mlle Brun, 2 vol. in-18.

Étude de la Doctrine catholique dans le concile de Trente, proposée comme moyen de réunion de toutes les communions chrétiennes, par le R. P. Nampon, un vol. in-12.

Études philosophiques sur le Christianisme, par Auguste Nicolas, 4 vol. in-12.

Eudolie ou la Jeune Malade, 2 vol. in-18.

Eugénie de Revel, un vol. in-12.

Eugénie ou l'Empire de la Vertu, un vol. in-8.

Eugénie, Vie et Lettres d'une Orpheline morte à l'âge de vingt-trois ans, 3 vol. in-18.

Eulalie et Mathilde ou Orgueil et Modestie, un vol. in-12.

Eustachie, un vol. in-32.

Évangile (L'), médité et distribué pour tous les jours de l'année, 4 vol. in-12.

Examen de la Philosophie de Bâcon, ouvrage posthume du comte J. de Maistre, 2 vol. in-8.

Examens particuliers sur divers sujets, propres aux personnes laïques qui veulent s'avancer dans la perfection, par M. Tronson, supérieur du séminaire de Saint-Sulpice, un vol. in-12.

Excellence (L') **et la pratique de la dévotion à la Sainte-Vierge**, par le P. de Gallifet, un vol. in-32.

Exemples et confiance en Dieu au milieu des plus grands périls, un vol. in-18.

Exercice de piété pour la communion, par le Père Griffet, un vol. in-18.

Exercices de dévotion à saint Louis de Gonzague, donné par le pape Benoît XIII pour patron et pour modèle à la jeunesse chrétienne, avec la vie abrégée de ce saint, suivis de la vie de saint Stanislas Kostka et neuvaine en l'honneur de ce saint, un vol. in-18.

Exercices de l'âme pour se disposer aux sacrements de Pénitence et d'Eucharistie, par M. l'abbé Clément, un vol. in-12.

Exercices de la dévotion au Sacré-Cœur de Jésus, un vol. in-18.

Exercices de piété pour tous les Dimanches et les Fêtes mobiles de l'année, par le P. J. Croiset, 5 vol. in-12.

Exhortations de Bourdaloue, 2 vol. in-12.

Exhortations pour les états différents des malades, par A. Blanchard, 2 vol. in-12.

Existence (De l') **de Dieu**, par Fénelon, un vol. in-8.

Expiation (L') ou Cécile d'Erlan, par Mme Eugénie de la Rochère, un vol. in-8.

Explication de la Doctrine chrétienne en forme de lectures tirées du Catéchisme dogmatique et moral de Couturier, par Mgr Morlot, évêque d'Orléans. 2 vol. in-12.

Explication historique, dogmatique et morale de toute la Doctrine chrétienne et catholique contenue dans le Catéchisme de l'ancien diocèse de Genève, par M. l'abbé du Clot, 4 vol. in-8.

Exposition de la Doctrine chrétienne, par l'abbé Martin de Noirlieu, un vol. in-12.

Exposition de la Foi, par Bossuet, un vol. in-12.

F

Fables de La Fontaine, un vol. in-18.

Fables et poésies diverses, par M. Bressier, un vol. in-12.

Famille (La) **de Luzy** ou Désintéressement et Cupidité, un vol. in-12.

Famille (La) **d'Orival** ou l'Influence du bon exemple, par Théophile Ménard, un vol. in-12.

Famille (La) **du fermier Simon** ou la Résignation dans les adversités, un vol. in-18.

Ferdinand, histoire d'un jeune comte espagnol, suivie de sept contes, par l'abbé Schmid, un vol. in-12.

Fernand et Antony, épisode de l'Histoire d'Alger, un vol. in-12.

Ferréol ou les passions vaincues par la Religion, par Théophile Ménard, un vol. in-12.

Fidèle (Le) au pied de la croix, par Alexandre de Hohenlohe, un vol. in-18.

Fidèle (De la) **observation des commandements de Dieu** avec des exemples appliqués à chaque précepte, un vol. in-18.

Fidélité (La) **bénie**, un vol. in-18.

Fille (La) **du Croisé**, épisode du temps féodal, un vol. in-18.

Fleurs (Les) **du Ciel**, ou Imitation des saints, par l'abbé Orsini, un vol. in-8.

Florence, un vol. in-18.

Florestine ou Religion dans l'infortune, un vol. in-18.

Foi (La) **de nos Pères** ou la Perpétuité du catholicisme, un vol. in-8.

Foi (La), **l'Espérance et la Charité**, par M. L. B., un vol. in-12.

Foi (La), **l'Espérance et la Charité** opposées à l'indifférence, au désespoir et à l'égoïsme du siècle, par M. l'abbé C. M. Le Guillou, un vol. in-12.

Fondements (Les) **de la vie spirituelle,** par le R. P. Surin, de la Compagnie de Jésus, un vol. in-18.

Forgeron (Le) **de Perth,** par M. d'Exauvillez, un vol. in-12.

Fraises (Les). **Le Petit Ramoneur,** scènes imitées de l'allemand, un vol. in-18.

Fratricide (Le) ou Gilles de Bretagne, chronique du xv⁰ siècle, 2 vol. in-8. et in-12.

Frédéric ou l'Amour de l'argent, suivi de Maurice ou les Leçons du malheur, par Mᵐᵉ Césarie Farrenc, un vol. in-12.

Frère (Le) **et la Sœur** ou Leçons de l'adversité, par Mme Woillez.

Frères (Les) **d'armes,** par Robert de Chalus, un vol. in-12.

G

Gatienne ou Courage d'une jeune fille, par M. l'abbé Pinard, 1 vol. in-12.

Geneviève, un vol. in-18.

Génie (Le) **du christianisme** ou Beauté de la Religion chrétienne, par Châteaubriand, 2 vol. in-12.

Georges le Petit ramoneur, par Mme Dubois, un vol. in-32.

Géraldine ou Histoire d'une conscience, un vol. in-12.

Gilbert et Mathilde, un vol. in-12.

Gloires (Les) **de Marie** contenant la paraphrase du *Salve Regina,* par saint Alphonse de Liguori, un vol. in-12.

Grande (La) **Chartreuse,** le Mont-Blanc, l'Hospice du Grand Saint-Bernard, par L. D. L. Audiffret, un vol. in-12.

Grandeurs (Les) **du Catholicisme,** par Aug. Signier, 2 vol. in-8.

Grands (Les) **hommes de la France,** par Théodore Muret, 2 vol. in-8.

Guerriers (Les) **les plus célèbres de la France,** un vol. in-12.

Guide (Le) **de l'Enfant chrétien,** prières et instructions pour l'enfance et la jeunesse, par G. M. de Villiers, un vol. in-18.

Guide (Le) **du premier âge,** par l'abbé F. de La Mennais, un vol. in-18.

Guide (Le) **des pécheurs** ou traité sur l'excellence et les avantages de la vertu, par le R. P. Louis de Grenade, un vol. in-8. et 2 vol. in-12.

Guirlande (La) **de houblon**, par le chanoine Schmid, un vol. in-18.

Gustave et Lucien ou l'Empire sur soi-même, par Mme de Sainte-Marie, un vol. in-18.

Gustave ou le Jeune voyageur en Espagne, par M. de Marlès, 1 vol. in-12.

H

Henri de Fermont, par Mme H. de G. Nelli, un vol. in-12.

Henri Morton, par M. d'Exauvillez, un vol. in-12.

Henri ou le Savant de six ans, un vol. in-32.

Héroïne (L') **de la charité** ou vie de Jeanne Biscot, par un Prêtre du clergé de Paris, un vol. in-18.

Heures (Les) **sérieuses d'une jeune femme**, un vol. in-12.

Heures (Les) **sérieuses d'un jeune homme**, par Charles Sainte-Foi, un vol. in-12.

Heureuse (L') **année** ou l'Année Sanctifiée par la méditation des sentences et des exemples des saints, par M. l'abbé Lasaussa, un vol. in-12.

Heureux (L') **matin de la vie** ou Petit traité sur l'Humilité, par l'abbé Carron, un vol. in-18.

Histoire abrégée de la Religion chrétienne, depuis l'ascension de J.-C. jusqu'à notre époque, par l'abbé Martin de Noirlieu, un vol. in-18.

Histoire ancienne et moderne, A. M. D. G., 2 vol. in-12.

Histoire d'Ali-Baba et des quarante voleurs, un vol. in-12.

Histoire d'Abulcher Bisciarah, par M. Adolphe de Bouclou, un vol. in-12.

Histoire d'Alger, par Stéphen d'Estry, 1 vol. in-12.

Histoire de Bertrand Duguesclin, connétable de France, extraite de Guyard de Berville, un vol. in-12.

Histoire de Bossuet, par J.-J.-E. Roy, un vol. in-12. — La même, par le cardinal L.-Fr. de Bausset, 2 vol. in-12.

Histoire de Christophe Colomb, par Maxime de Montrond, un vol. in-12. — La même, un vol. in-18.

Histoire d'Espagne, depuis les temps les plus reculés jusqu'à nos jours, un vol. in-12.

Histoire d'Espagne et de Portugal, par Émile Lefrané, 2 vol. in-12.

Histoire de Fénelon, par le cardinal de Bausset, 4 vol. in-8.

Histoire de Fénelon, par J.-J.-E. Roy, un vol. in-12.

Histoire du bienheureux François d'Estaing, évêque et comte de Rodez, par M. A Biot de Marlavoyne, un vol. in-12.

Histoire de France, A. M. D. G. 2 vol. in-12.

Histoire de France, par d'Exauvillez, 2 vol. in-18.

Histoire de France, depuis les origines gauloises jusqu'à nos jours, par Amédée Gabourd, 3 vol. in-12.

Histoire de France divisée par époques, depuis les origines gauloises jusqu'au temps présent, par M. Laurentie, 8 vol. in-8.

Histoire de François Ier, roi de France, surnommé le Père des Lettres, un vol. in-12.

Histoire de Godefroi de Bouillon, suivie de l'Histoire des Croisades usqu'à la mort de saint Louis, par H. Prévault, un vol. in-12.

Histoire de Henry VIII et du Schisme d'Angleterre, par M. Audin, 2 vol. in-8.

Histoire de Henry IV, roi de France et de Navarre, par l'auteur de l'Histoire de Louis XIV, un vol. in-12.

Histoire de Jeanne de Valois, duchesse d'Orléans et de Berry, reine de France, par Pierre de Gembloux, un vol, in-12.

Histoire de Jérôme, un vol. in-18.

Histoire de Louis XIV, roi de France, un vol. in-12.

Histoire de Louis XVI, terminée par le Testament de ce monarque, un vol. in-8.

Histoire de Mme de Chantal, par Mme A***, un vol. in-12.

Histoire de Marie-Antoinette, reine de France, suivie d'un précis de la vie de Mme Elisabeth, un vol. in-12.

Histoire de Napoléon, par l'auteur de l'Histoire de Vauban, un vol. in-12.

Histoire de Notre-Dame de Roc-Amadour, par A.-B. Caillau, un vol. in-8.

Histoire de Notre Seigneur Jésus-Christ, de F.-A., comte de Stolberg, trad. de l'allemand, par P. D., 2 vol. in-8.

Histoire de Paris et de ses monuments, par Eugène de la Gournerie, un vol. in-8.

Histoire de Philippe-Auguste, roi de France, un vol. in-12.

Histoire de Photius, auteur du schisme des Grecs, par l'abbé Jager, un vol. in-12.

Histoire de Pierre d'Aubusson, grand-maître de Rhodes, extraite du P. Bouhours, un vol. in-12.

Histoire de plusieurs Révoltes et Usurpations, par Oct. B***, un vol. in-18.

Histoire de Russie, un vol. in-12.

Histoire de saint Augustin, sa vie, ses mœurs, son siècle, influence de son génie, par M. Poujoulat, 2 vol. in-12.

Histoire de saint Augustin, apôtre des Anglais, archevêque de Cantorbéry, par le R. P. Fréd. Oakeley, trad. de l'anglais, par Jules Gondon, un vol. in-12.

Histoire de saint Bernard, par l'abbé Marie-Théodore Ratisbonne, 2 vol. in-8.

Histoire de saint Étienne Harding, fondateur de l'Ordre de Cîteaux, par J. D. Dalgairns, trad. de l'anglais, par l'abbé J. P.

Histoire de saint François d'Assise, par Emile Chavin de Malan, un vol. in-18.

Histoire de saint Germain l'Auxerrois, par Ch. Lefeuve, un vol. in-18.

Histoire de saint Jean de Matha, suivie de celle de saint Félix de Valois, par M. l'abbé J.-M. Prat, un vol. in-12.

Histoire de saint Jérôme, Père de l'Eglise au ive siècle, sa vie, sa doctrine, ses écrits, par B. Collombet, 2 vol. in-8.

Histoire de saint Léger, évêque d'Autun et martyr, etc., par le R. P. Dom. J.-B. Pitra, un vol. in-8.

Histoire de saint Louis, roi de France, IXe du nom, un vol. in-12. — La même, par le marquis de Villeneuve Trans, 3 vol. in-8.

Histoire de saint Martin, évêque de Tours, par Achille Dupuy, un vol. in-8.

Histoire de saint Paul, apôtre des gentils, un vol. in-12.

Histoire de saint Pie V, pape, 2 vol. in-12.

Histoire de saint Pierre, prince des apôtres, un vol. in-12.

Histoire de sainte Catherine de Sienne, par E. Chavin de Malan, 2 vol. in-8.

Histoire de sainte Élisabeth de Hongrie, duchesse de Thuringe, par le comte de Montalembert, un vol. in-12. — La même, par M. D. S., un vol. in-12.

Histoire de sainte Monique, par M. l'abbé Petit, un vol. in-12.

Histoire de Stanislas Ier, roi de Pologne, extraite de l'abbé Proyart, un vol. in-12.

Histoire de Théodose-le-Grand, par Fléchier, un vol. in-12.

Histoire de Thomas Becket, archevêque de Cantorbéry, saint et martyr, un vol. in-12.

Histoire de Vauban, un vol. in-12.

Histoire de Venise, par F. Valentin, un vol. in-12.

Histoire de la conquête du Mexique, par Oct. B***, 2 vol. in-18.

Histoire de la destruction des Jésuites ou Clément XIV et les Jésuites, par Crétineau-Joly, un vol. in-12.

Histoire abrégée de l'Église, par Lhomond, un vol. in-12.

Histoire de la Grèce ancienne, par M. B. Julien, 2 vol. in-12.

Histoire de la Ligue formée contre Charles-le-Téméraire, par le baron Th. de Bussière, un vol. in-8.

Histoire de la Réforme protestante en Suisse, par Ch. L. de Haller, un vol. in-12.

Histoire de la Religion, par Lhomond, un vol. in-12.

Histoire de la Chevalerie, par J.-J.-E. Roy, un vol. in-12.

Histoire des chevaliers de Malte, d'après l'abbé Vertot, un vol. in-12.

Histoire de la Révolution et de l'Empire, par Amédée Gabourd, 10 vol. in-8.

Histoire de la Révolution française, par L. V. D. M***, un vol. in-12.

Histoire de la Trappe, par M. de Grandmaison-Bruneau, un vol. in-12.

Histoire de la Trappe depuis sa fondation jusqu'à nos jours, par Cussin Gaillardin, 2 vol in-8.

Histoire de la Vendée militaire, par J. Crétineau-Joly, 4 vol. in-12.

Histoire de la vie de Notre-Seigneur Jésus-Christ, par le P. de Ligny, 2 vol. in-12.

Histoire de la vie, des ouvrages et des doctrines de Luther, par Audin, 3 vol. in-12.

Histoire de la vie, des ouvrages et des doctrines de Calvin, par Audin, 2 vol. in-12.

Histoire de la vie et de l'épiscopat de saint Charles Borromée, par Alexandre Martin, un vol. in-8.

Histoire de la vraie Religion d'après ceux qui avaient intérêt à la combattre, par l'abbé J.-J. Cayol, un vol. in-12.

Histoire de l'abbé de Rancé, réformateur de la Trappe, par M. d'Exauvillez, un vol. in-12.

Histoire de l'Ancien-Testament, par Jean Couturier, 4 vol. in-12.

Histoire abrégée de l'Ancien et du Nouveau-Testament, par Mme Laure Bernard, née de La Grave, un vol. in-12.

Histoire de l'enlèvement et de la captivité de Pie VI, par l'abbé Baldassari, un vol. in-8.

Histoire des bienfaits du Christianisme, un vol. in-18.

Histoire des ducs de Guise, par René de Bouillé, 3 vol. in-8.

Histoire des ordres religieux, par Henrion, 2 vol. in-12.

Histoire des solitaires d'Orient, tirée des auteurs ecclésiastiques, un vol. in-12.

Histoire des Souverains-Pontifes romains, par le ch. Artaud de Montor, 8 vol. in-12.

Histoire des variations, par Bossuet, 3 vol. in-12.

Histoire des variations des Églises protestantes, par Bossuet, 3 vol. in-12.

Histoire du brave Crillon, par Maxime de Montrond, un vol. in-12.

Histoire du chevalier Bayard, sans peur et sans reproche, d'après Guyard de Berville, un vol. in-12.

Histoire du Christianisme au Japon, d'après le R. P. Charlevoix, 2 vol. in-18.

Histoire du développement de la doctrine chrétienne ou Motifs de retour à l'Église catholique, par J.-H. Newman, un vol. in-8.

Histoire du dormeur éveillé, suivi d'Aladdin ou la Lampe Merveilleuse, Contes arabes, traduits par Galland, un vol. in-12.

Histoire du grand Condé, un vol. in-12. — La même, par M. A. Lemercier, un vol. in-12.

Histoire du Mont-Valérien, un vol. in-18.

Histoire de la reine Blanche, mère de saint Louis, par M. Th., un vol. in-12.

Histoire du Moyen-Age, par F. G., un vol. in-12

Histoire du pape Innocent III et de son siècle, par Fr. Hurter, traduction nouvelle par MM. l'abbé Jager et Th. Vial, 2 vol. in-8.

Histoire du pape Léon XII, par le chevalier Artaud de Montor, 2 vol. in-8.

Histoire du pape Pie VII, par le chevalier Artaud de Montor, 2 vol. in-8.

Histoire du pape Pie VIII, par le chevalier Artaud de Montor, un vo . in-8.

Histoire du Paraguay, par Mlle Celliez, 2 vol. in-18.

Histoire du peuple de Dieu depuis son origine jusqu'à la naissance du Messie, par le P. Berruyer, 7 vol. in-8.

Histoire du pontificat de Pie VII, un vol. in-12.

Histoire du pontificat de saint Léon-le-Grand et de son siècle, par Alexandre de Saint-Chéron, 2 vol. in-8.

Histoire du pontificat et de la captivité de Pie VI, un vol. in-12.

Histoire du vicomte de Turenne, par l'abbé Raguet, un vol. in-12.

Histoire et description du Japon, d'après Charlevoix, 1 vol. in-12.

Histoire ecclésiastique, par l'abbé Fleury, 40 vol. in-12.

Histoire générale de l'Église depuis la prédication des Apôtres jusqu'au pontificat de Grégoire XVI, par M. le baron Henrion, 13 vol. in-8.

Histoire moderne, faisant partie du cours d'Histoire universelle, par Mlle M. de B.***, 5 vol. in-12.

Histoire naturelle des oiseaux, des poissons et des reptiles, par M. l'abbé J.-J. Bourassé, un vol. in-12.

Histoire religieuse, politique et littéraire de la Compagnie de Jésus, par Cretineau Joly, 6 vol. in-12.

Histoire romaine, depuis la fondation de Rome jusqu'à la bataille d'Actium, par Rollin, continuée par Crévier, 16 vol. in-12.

Histoire universelle de l'Église, par Jean Alzog, 3 vol in-8.

Histoires choisies de l'Ancien et du Nouveau-Testament, par Joseph Lambert, un vol in-12.

Histoires choisies ou livres d'exemples tirés de l'Écriture, etc., un vol. in-12,

Histoires édifiantes et curieuses, par l'abbé Baudrand, un vol. in-12.

Histoires édifiantes et curieuses, un vol. in-12.

Histoires instructives, par H. de Chavannes de la Giraudière, un vol. in-12.

Histoires morales et édifiantes, par Mme Joséphine Junot d'Abrantès, un vol. in-12.

Hiver (L'), par Mlle Brun, 2 vol. in-48.

Homme (L') **de Dieu** ou vie de Jacques Gallemand, par M. l'abbé Trou, un vol. in-12.

Homme (L') **d'Oraison**, première retraite, un vol. in-12.

Homme (L') **d'Oraison**, retraite pour la mort, un vol. in-12.

Homme (L') **d'Oraison**, ses lectures spirituelles pendant tout le cours de l'année, ou dévotion envers Notre-Seigneur Jésus-Christ, par le R. P. Jacques Nouet, 10 vol. in-12.

Homme (L') **et la Création**, par M. Desdouits, un vol. in-8.

Homme (L') **heureux** dans toutes les situations de la vie ou les Aventures de Misséno, traduit du portugais par M. l'abbé S. ***, 2 vol. in-12.

Homme (L') **sous l'empire de la Religion chrétienne**, par J.-A. Picarogni, un vol. in-8.

Hommes (Les) **d'État les plus célèbres de la France**, un vol. in-12.

Horloge de la Passion ou Réflexions et affections sur les souffrances de J.-C., par saint Alphonse de Liguori, un vol. in-18.

Hubert ou les Suites funestes de la paresse et de l'indocilité, un vol. in-18

I

Imitation de Jésus-Christ, un vol. in-32.

Imitation de Jésus-Christ, par le R. P. de Gonnelieu, un vol. in-12.

Imitation (L') **de Jésus-Christ**, méditée par M. l'abbé Herbet, 2 vol. in-12.

Imitation (L') **du Sacré-Cœur de Jésus-Christ**, un vol. in-12.

Importance de la Prière pour obtenir de Dieu toutes les grâces et le salut éternel, par saint Liguori, un vol. in-32.

Institution de l'Orateur, 6 vol. in-8.

Instruction de la Jeunesse ou la Piété chrétienne, tirée de l'Écriture-Sainte et des Saints Pères, par M. C. Gobinet, 3 vol. in-12.

Instruction (L') **du Pénitent** ou la Méthode pratique pour se bien confesser, par dom Louis de La Grange, un vol. in-18.

Instructions et Prières à l'usage des officiers de la maison, des domestiques et des personnes qui travaillent en ville, un vol. in-18.

Instructions pour la Confirmation, par M. l'abbé Regnault, un vol. in-18.

Instructions pour la première Communion, par l'abbé Regnault, un vol. in-18.

Instructions familières sur l'Oraison mentale, suivies de la Méthode d'Oraison, ou pour aider ceux qui ont de la peine à s'entretenir avec Dieu et qui ont des distractions dans leurs prières, par le P, Crasset, un vol. in-18.

Instructions pour éclairer les Ames pieuses dans leurs doutes et pour les rassurer dans leurs craintes, par le R. P. Quadrupani, un vol. in-32.

Instructions sur les Évangiles des Dimanches et des Fêtes de l'année, à l'usage de l'adolescence, un vol. in-18.

Instructions sur les principales Vérités de la Religion et sur les principaux devoirs du Christianisme, un vol. in-12.

Instructions sur les Romans, par l'abbé Hulot, un vol. in-18.

Intérieur (L') de Jésus et de Marie, avec des sujets de méditations pour tous les dimanches et fêtes principales de l'année, par le R. P. Grou, 2 vol. in-12.

Intérieur (Un) ou Influence de la Vertu au sein de la Famille, par A. Devoille, 2 vol in-12.

Introduction à la Vie dévote, par saint François de Sales, évêque et prince de Genève, un vol. in-32.

Introduction à la Vie et aux Vertus chrétiennes, par M. Olier, un vol. in-18.

Isabelle de Nesles, un vol. in-18.

Isabelle, par Mme Tarbé des Sablons, un vol. in-12.

Isola, suite d'Edmour et d'Arthur, un vol. in-18.

Isidore ou le Fervent Laboureur, un vol. in-18.

Itinéraire de la Terre au Ciel, 2 vol. in-18.

J

Jean-François Richard ou Conversations sur l'insouciance de ceux qui doutent à l'égard de la Religion chrétienne, par l'abbé Cl. Legrand, 2 vol. in-18.

Jeanne d'Arc, par Maxime de Montrond un vol. in-12

Jeanne d'Arc, d'après les chroniques contemporaines, par Guido Gœrres, traduit de l'allemand par Léon Boré, un vol. in-8.

Jérusalem, tableau de l'histoire et des vicissitudes de cette ville célèbre, par E.-C. de Ravensberg, un vol. in-12.

Jérusalem (La) délivrée, poëme du Tasse, traduit en français par Grandmaison, un vol. in-12.

Jeune (Le) Marin ou l'Éducation maternelle, par Mme Glaire Guermante, un vol. in-12.

Jeune (Le) Ouvrier ou Souvenirs de la Vie de Léandre Vandrisse, un vol. in-18.

Jeunes (Les) Espiègles ou les Amusements du Collége, par Mme de Courval, un vol. in-18.

Jeunes (Les) Héroïnes chrétiennes ou Vies édifiantes et Traits d'histoire, un vol. in-18.

Jeunes (Les) Martyrs de la Foi chrétienne, un vol. in-12.

Joies (Les) de la Famille, un vol. in-18.

Joseph, par Bitaubé, un vol. in-12.

Joseph et Isidore ou le Danger des mauvaises compagnies, un vol. in-18.

Joseph ou le Vertueux ouvrier, par l'abbé Petit, un vol. in-12.

Journal de ce qui s'est passé au Temple pendant la captivité de **Louis XVI**, par Cléry, un vol. in-12.

Journal de la campagne de Russie en 1812, par M. de Frezensac, lieutenant-général, un vol. in-8.

Journal d'un solitaire, par A. de Milly, un vol. in-18.

Journées mémorables de la Révolution française, racontées par un père à ses fils, par le vicomte Walsh, 5 vol. in-8.

Jules ou la Vertu dans l'indigence, suivi du Bon oncle, de la Famille du pêcheur, de Gabrielle, de Gustave et Marcellin, de Louise et de Félicien, et Alexis, un vol. in-12.

Julien Durand, un vol. in-12.

Julienne ou la Servante de Dieu, par le vicomte Walsh, un vol. in-12.

Jumeaux de Saint-Cyr (Les) ou l'Amour de l'étude, par Mme Julie Delafaye-Brehier, un vol. in-12.

Jumelles (Les deux), par Mlle Desves, 1 vol. in-12.

Justine ou l'Influence de la vertu, un vol. in-18.

L

La Bruyère (Le) des jeunes personnes, par Mme Mallès de Beaulieu, un vol. in-12.

Laure ou la Jeune émigrée, un vol. in-18.

Lazarine ou le Devoir une fois compris, religieusement accompli, par Mme Dié de Saint-Joseph, 2 vol. in-18.

Leçons françaises de Littérature et de Morale, par MM. Noël et de La Place, 2 vol. in-8.

Leçons d'une Mère (Les), par Charles Malo, un vol. in-12.

Lecture du matin ou Avis et règles de conduite pour chaque jour, pour la semaine et pour l'année, à l'usage des jeunes enfants, un vol. in-12.

Lectures instructives et amusantes, un vol. in-18.

Légendes de l'Histoire de France, par Collin de Plancy, un vol. in-8.

Légendes des commandements de Dieu, par Collin de Plancy, un vol. in-8.

Légendes des origines, par le même, un vol. in-8.

Légendes des sept péchés capitaux, par le même, un vol. in-8.

Légendes du Juif-Errant, par le même, un vol. in-8.

Léontine et Marie ou Les deux Éducations, par Mme Woillez, un vol. in-12.

Lettre (Une) **venue de l'autre monde,** un vol. in-18.

Lettres à Eugène sur l'Eucharistie, par le R. P. Joseph de Géramb, un vol. in-12.

Lettres de Léandre à Théophile sur la manière de remplir chrétiennement ses devoirs dans le monde, un vol. in-18.

Lettres de quelques juifs à M. de Voltaire, par l'abbé Guénée, 3 vol. in-12.

Lettres de saint François de Sales à des personnes vivant dans le monde, un vol. in-12.

Lettres de saint Jérôme traduites en français avec le texte en regard, par J.-F. Grégoire et F.-B. Collombet, 5 vol. in-8.

Lettres d'une solitaire inconnue ou Marguerite de Montmorency, 2 vol. in-8.

Lettres édifiantes, 40 vol. in-18.

Lettres édifiantes des Missionnaires de 93, un vol. in-12.

Lettres spirituelles à une dame Anglaise protestante convertie, par l'abbé Prémord, un vol. in-12.

Lettres spirituelles sur la paix intérieure, par le P. Ambroise de Lombez, un vol. in-18.

Lettres sur l'Histoire de la Réforme en Angleterre et en Irlande, par William Cobbett, un vol. in-12.

Lettres sur l'Italie considérée sous le rapport de la religion, par Pierre de Joux, 2 vol. in-12.

Lettres sur les îles Marquises, par le P. Mathias G***, un vol. in-8.

Lettres vendéennes ou Correspondance de trois amis en 1823; 2 vol. in-8.

Lancelle et Anatole ou les Soirées artésiennes, un vol. in-12.

Livre d'instruction morale et religieuse, un vol. in-12.

Livre d'or (Le) ou l'Humilité en pratique, un vol. in-32.

Livre de famille (Le), par Berquin, un vol. in-18.

Livre de l'enfance chrétienne (Le). Instructions religieuses d'une mère à ses enfants, par la vicomtesse de Flavigny, un vol. in-18.

Livre de la nature (Le), par Cousin Despréaux, édition refondue par M. Desdouits, 2 vol. in-12.

Livre des classes ouvrières (Le), par M. l'abbé Isidore Mullois, un vol. in-32.

Livre des Élus (Le) ou Jésus crucifié, par le P. Jean-Baptiste de Saint-Jure, de la Compagnie de Jésus, un vol. in-12.

Lorenzo, un vol. in-12.

Louis XVI, par le vicomte de Falloux, un vol. in-12.

Louis XVIII à ses derniers moments, précédé des Exemples édifiants de la mort des princes de la famille des Bourbons, et suivi d'un Précis anecdotique et chronologique sur Louis XVIII et le roi Charles X, un vol. in-12.

Lucien ou Adversité et courage, par A. Lemercier, un vol. in-12.

Lydia ou la jeune Grecque, etc., trad. de l'allemand, un vol. in-18.

Louise ou la première Communion, par l'abbé Vincellet, 1 vol. in-12.

M

Madame Herbert ou la Religion mise à la portée de tout le monde, un vol. in-18.

Mademoiselle de Monteymart et Caliste Durvois ou l'Amitié chrétienne, par Mme de Sainte-Marie, un vol. in-18.

Magistrats (Les) **les plus célèbres de la France**, un vol. in-12.

Maître d'école (Un), un vol. in-18.

Manière (De la) **d'enseigner et d'étudier les belles-lettres** par rapport à l'esprit et au cœur, par Rollin, 4 vol. in-12.

Manuel des âmes intérieures, par le P. Grou, un vol. in-12.

Manuel des pieuses domestiques, par l'abbé C.-A. Ozanam, un vol. in-18.

Manuel des pieuses ouvrières, par l'abbé C.-A. Ozanam, un vol. in-18.

Manuel du pénitent ou Motifs de contrition, un vol in-18.

Manuscrit (Le) **bleu** ou la jeune Femme chrétienne, un vol. in-12.

Marchand (Le) **et le Génie**, suivi des trois Calenders et de plusieurs autres contes arabes, un vol. in-12.

Maria ou Confiance en Dieu porte bonheur, par Auguste D. ***, un vol. in-18.

Marianne Aubry, par Mlle Julie Gouraud, un vol. in-12.

Marie et Juliette ou Simplicité et Modestie, par M. Fortunat, un vol. in-18.

Marie et son père, un vol. in-18.

Marie ou la Vertueuse ouvrière, un vol. in-12.

Marie ou la Vertu heureuse de s'ignorer elle-même, par Mme Dié de Saint-Joseph, un vol. in-18.

Marie ou l'Ange de la terre, par Mlle Fanny de V***, un vol. in-12.

Marins (Les) **les plus célèbres**, par Maxime de Mont-Rond, un vol. in-12.

Marins célèbres de la France (Les), par Ad. Lemercier, 1 vol. in-12.

Marraine (La) **et la filleule** ou Considération sur le baptême, un vol. in-18.

Marthe ou la Sœur hospitalière, par l'abbé J***, un vol. in-18.

Martyr (Le) du secret de la confession ou vie de saint Jean Népomucène, un vol. in-18.

Martyrs (Les) dans les Missions de Cochinchine en 1833, un vol. in-18.

Massillon, morceaux choisis ou Recueil de ce que cet écrivain a de plus remarquable, sous le rapport de la morale et du style, par M. l'abbé Rolland, un vol. in-18.

Mathilde ou Gabrielle, ou les Bienfaits d'une éducation chrétienne, un vol. in-12.

Maurèse ou les Exercices spirituels de saint Ignace, mis à la portée de tous les Fidèles dans une exposition neuve et facile, un vol. in-12.

Maurice, un vol. in-18.

Maximes chrétiennes et morales, par le R. P. Dom Armand Jean, 2 vol. in-12.

Maximes pour se conduire chrétiennement dans le monde, par M. l'abbé Clément, un vol. in-18.

Maximes spirituelles avec des explications, par M. l'abbé Grou, un vol. in-12.

Méditations du P. Griffet, un vol. in-12.

Méditations de la vie du Christ, par saint Bonaventure, un vol. in-12.

Méditations de saint Thomas, un vol. in-12.

Méditations du bienheureux Alphonse de Liguori, un vol. in-18.

Méditations sur la vie et morale de Jésus-Christ, tirées des quatre Evangélistes et réduites en méditations pour chaque jour de l'année, par le R. P. Avancin, un vol. in-12.

Méditations sur l'Eucharistie, par M. l'abbé de la Bouillerie, vicaire-général de Paris, un vol. in-8º.

Méditations et sentiments sur la sainte Communion pour servir de préparation aux personnes de piété qui s'en approchent souvent, par le R. P. Avrillon, un vol. in-12.

Méditations sur les Évangiles, par Bossuet, 2 vol. in-12.

Méditations sur les Évangiles pour toute l'année, 2 vol. in-18.

Mémoires de Silvio Pellico ou Mes Prisons, un vol. in-18.

Mémoires (Les) d'un Ange gardien, un vol. in-18.

Mémoires (Les) d'un prisonnier d'État, par A. Andryane, 2 vol. in-12.

Mémoires (Les) d'une poupée, contes dédiés aux petites filles, par Mlle Julie Gouraud, un vol. in-8.

Mémoires philosophiques du baron de *** ou l'Adepte du philosophisme ramené à la Religion catholique, par M. l'abbé de Crillon, un vol. in-8.

Mémoires sur Monseigneur Louis-François-Gabriel d'Orléans de la Motte, évêque d'Amiens, par l'abbé d'Argnies, un vol. in-12.

Mendiant (Le), par A. Devoille, 2 vol. in-12.

Mer (La) **nouvelle**, histoire des naufrages, par de Fontaine de Resbecq, 2 vol. in-18.

Mère (La) **des pauvres** ou Vie de la sœur Bernardine Rousseau, un vol. in-18.

Mère (La) **sainte Euphrasie** ou Entretiens instructifs et amusants d'une pieuse et savante maîtresse avec ses élèves pour les prémunir contre les doctrines et les tendances irréligieuses du siècle, par M. l'abbé Sanson, un vol. in-12.

Merveilles (Les) **de la nature**, par M. Delacroix, un vol. in-18.

Méthode abrégée d'étudier la Religion par principes et d'en démontrer la vérité, un vol. in-12.

Méthode courte et facile pour se convaincre de la vérité de la **Religion catholique**, par un supérieur du séminaire, un vol. in-18.

Méthode facile d'oraison réduite en pratique, par le R.P. Nepveu, de la Compagnie de Jésus, un vol. in-32.

Michel et Bruno ou le Fils du pieux marinier, par Mme Césarie Farrenc, un vol. in-18.

Miroir des domestiques chrétiens, de M. Collet, un vol. in-18.

Missions d'Amérique, d'Océanie et d'Afrique, par Maxime de Mont-Rond, un vol. in-12.

Missions du Levant, d'Asie et de la Chine, par Maxime de Mont-Rond, un vol. in-12.

Modèle (Le) **des jeunes gens**, par l'abbé Proyart, un vol. in-18.

Modèle de piété ou Vie de Louis de Sales, un vol. in-18.

Modèles de perfection chrétienne, un vol. in-12.

Modèles de perfection chrétienne ou Vies de sainte Thérèse, sainte Jeanne de Chantal, etc., un vol. in-12.

Modèles des jeunes personnes, un vol. in-18.

Modèles du Clergé ou Vies édifiantes de Missions, par l'abbé Carron, un vol. in-12.

Mœurs, coutumes et religion des sauvages américains, extrait du P. Lafiteau, 2 vol in-12.

Mœurs des Israélites et des Chrétiens, par l'abbé Fleury, un vol. in-12.

Moine (Le) de Luxeuil ou Fanatisme et Expiation, chronique du xiiie siècle, par Devoille, 2 vol. in-12.

Mois (Le) de la Sainte-Enfance ou l'Élévation à Dieu, par M. l'abbé Le Tourneur, un vol. in-18.

Mois de Marie ou le mois de Mai, par M. l'abbé Le Tourneur, un vol. in-18.

Mois de Saint-Joseph, un vol. in-32.

Monseigneur Flaget, évêque de Bardstown et Louisville; sa vie, son esprit et ses vertus, un vol. in-8.

Morale (La) du Christianisme offerte à la jeunesse, par M. de S***, un vol. in-18.

Morale en action, par Hocquart, un vol. in-12.

Morale (La) universelle, tirée des livres sacrés, un vol. in-18.

Moraliste (Le) du premier âge, un vol. in-18.

Morceaux choisis, par Massillon, un vol. in-12.

Morceaux choisis des lettres édifiantes écrites des Missions étrangères, par Ant. Caïllot, 2 vol. in-12.

Motifs de conversion de dix ministres, un vol. in-18.

Motifs qui ont ramené à l'**Eglise catholique** un grand nombre de **Protestants**, un vol. in-12.

Motifs qui ont ramené à l'**Eglise catholique** un grand nombre de **Protestants**, par l'abbé Bohrbacher, un vol in-18.

Mystères, par Bourdaloue, 2 vol. in-12.

Mystères, par Massillon, un vol. in-12.

N.

Natalie ou la Piété nous rend heureux, un vol. in-18.

Nattes (Les), par L. Veuillot, un vol. in-12.

Naufrage et aventures du capitaine Wilson, trad. de l'anglais, un vol. in-12.

Naufrage (Le) ou l'Ile déserte, un vol. in-12.

Naufrages célèbres, précis des accidents sur mer les plus extraordinaires depuis le xve siècle jusqu'à nos jours, un vol. in-12.

Naufragés (Les) au Spitzberg ou les Salutaires effets de la confiance en Dieu, un vol. in-12.

Nègre (Le), fils de l'esclave, canonisé par Pie VII le 24 mai 1807, ou Vie de saint Benoît, dit le Maure, un vol. in-18.

Nid (Le) **de pinson** suivi de Anna l'obstinée, par Mme Elise Voïart, un vol. in-32.

Notice historique sur l'origine et les effets de la nouvelle médaille frappée en l'honneur de l'**Immaculée conception de la très Sainte-Vierge** et généralement connue sous le nom de Médaille miraculeuse, un vol. in-12.

Notice sur la vie de Louise-Euphrasie Guibout, un vol. in-12.

Notice sur la vie et la mort de **Jean-Gabriel Perboyre**, prêtre de la Congrégation de la Mission de Saint-Lazare, martyrisé en Chine, le 11 septembre 1840, un vol. in-8.

Notices historiques sur les prêtres de Besançon condamnés pendant la persécution de la fin du xviiie siècle, un vol. in-12.

Nouveau (Le) **livre d'or** ou Méditations inédites du P. Eudes sur l'humilité, un vol. in-32.

Nouveau (Le) **mois de Marie** ou Suite de lectures touchantes sur les mystères de la très Sainte-Vierge, par l'abbé Debussi, un vol. in-18.

Nouveau (Le) **Tobie** ou Patience dans les afflictions de la vie, un vol. in-18.

Nouveaux (Les) **justes** dans les conditions ordinaires de la société, etc., par l'abbé Carron, un vol. in-12.

Nouvelle (La) **Abeille du Parnasse**, un vol. in-18.

Nouvelles (Les) **héroïnes chrétiennes** ou Vies édifiantes de dix-sept jeunes personnes, par l'abbé Carron, 2 vol. in-8.

Nouvelles lettres de William Cobbett aux ministres de l'Eglise d'Angleterre et d'Irlande ou suite de l'Histoire de la Réforme, du même auteur, un vol. in-18.

Nouvelles morales, par M. d'Exauvillez, un vol. in-12.

Nouvelles religieuses, par Mme Tarbé des Sablons, 2 vol. in-18.

O.

Océanie (L'), d'après les voyageurs les plus célèbres, par une société d'hommes de lettres, un vol. in-12.

Odes sacrées, idylles et poésies diverses, par le comte de Marcellus, un vol. in-18.

Odilon, un vol. in-18.

Œuvres choisies de Bossuet, 2 vol. in-8.

Œuvres complètes de Bossuet, 22 vol. in-12.

Œuvres complètes de Bourdaloue, 18 vol. in-12.

Œuvres complètes de Démosthènes et d'Eschine, traduites en français par M. l'abbé Auger, vicaire-général du diocèse de Lescar, 6 vol. in-8.

Œuvres complètes de Massillon, 11 vol. in-12.

Œuvres complètes du cardinal B. Pacca, traduites et mises en ordre par M. Queyras, 2 vol. in-8.

Œuvres complètes du comte Xavier de Maistre. Voyage autour de ma chambre, Expédition nocturne, le Lépreux de la cité d'Aoste, les prisonniers du Caucase, la jeune Sibérienne, un vol. in-12.

Œuvres de Fénélon d'après les manuscrits originaux, 15 vol. in-8.

Œuvres spirituelles de Fénelon, 8 vol. in-12.

Œuvres spirituelles de Jean de la Croix, premier Carme déchaussé et directeur de sainte Thérèse, 3 vol. in-12.

Œuvres spirituelles du P. G.-F. Berthier, 4 vol. in-12.

Œuvres spirituelles du P. Judde, 2 vol. in-12.

Olympe et Adèle ou Humilité et Orgueil, par Mme de Sainte-Marie, un vol. in-18.

Oraisons funèbres, par Bossuet, un vol. in-12.

Oraisons funèbres, par Massillon, un vol. in-12.

Ordre et Désordre, par Mlle Brun, un vol. in-18.

Orpheline (L') de Moscou ou la Jeune institutrice, par Mlle Avillez, un vol. in-12.

Orphelins (Les) juifs, un vol. in-18.

Orphelins (Les) piémontais, par Mme Julie Delafaye, 2 vol. in-12.

Ouvrage (L') des six jours expliqué par Duguet, un vol. in-12.

Ouvrier (L') philosophe ou Réponses aux objections populaires contre la religion, un vol. in-18.

P

Panégyriques, par Bourdaloue, 2 vol. in-12.

Panégyriques, par Massillon, un vol. in-12.

Papauté (La) aux prises avec le Protestantisme, par l'abbé Magnin, un vol. in-8.

Pape (Du), par le comte J. de Maistre, un vol. in-8.

Paraphrase morale de plusieurs Psaumes en forme de prière, par Massillon, un vol. in-12.

Parfait (Le) **domestique**, par d'Exauvillez, un vol. in-18.

Parisien (Le) **et le Savoyard** ou une Excursion en Savoie, par Aimé Zaghelli, un vol. in-18.

Paroisse (Une) **vendéenne sous la Terreur**, par le comte de Quatrebarbes, un vol. in-12.

Paroles d'un catholique ou Défense de l'ordre social, par l'abbé Vidal, un vol. in-8.

Patriarche (Le) **des Vosges** ou le Bonheur des familles chrétiennes, un vol. in-32.

Paul ou les Dangers d'un caractère faible, par l'abbé Guérinet, 1 vol. in-12.

Pauline ou Courage et Prudence, par Mme de Sainte-Marie, un vol. in-18.

Pèlerinage à Jérusalem et au Mont-Sinaï, par le R. P. de Géramb, 3 vol. in-12.

Pèlerinage d'une jeune fille à Jérusalem, par Gaucherand, un vol. in-18.

Pèlerinage (Le) **d'un nommé Chrétien**, écrit sous l'allégorie d'un songe, trad. de l'anglais, un vol. in-18.

Pèlerinage (Un) ou Élisa Belmont, par M. l'abbé Mounais, un vol. in-18.

Pèlerinages (Les) **de Suisse**, par Louis Veuillot, un vol. in-8.

Pensées de Bourdaloue, 3 vol. in-12.

Pensées et Réflexions propres à former nos opinions sur les hommes et les choses, par d'Exauvillez, un vol. in-18.

Pensées salutaires à l'usage de la jeunesse, recueillies par M. l'abbé Thérou, un vol. in-18.

Pensées sur les principales vérités de la Religion et sur les principaux devoirs du Christianisme, par le P. Humbert, un vol. in-12.

Pensez-y bien ou Réflexions sur les quatre fins dernières, un vol. in-18.

Père (Le) **des malheureux** ou vie de Claude Bernard, un vol. in-18.

Père (Le) **Keing**, imité de l'allemand, 2 vol. in-18.

Petit carême de Massillon, évêque de Clermont, un vol. in-8.

Petit mouton (Le), suivi du Ver luisant, un vol. in-18.

Petit théâtre pour les jeunes filles, par Mme Césarie Farrenc, un vol. in-12.

Petit traité sur les petites vertus, par le père Seigneri, un vol. in-32,

Petite (La) **mendiante**, un vol. in-18.

Petite (La) **mendiante** ou une Journée d'angoisse et de bonheur, suivie de la Famille Wild, un vol. in-18.

Philosophie fondamentale, par Jacques Balmès, 2 vol. in-12.

Pierre Cœur, suivie de Georges et Louis, un vol. in-18.

Pierre Desbordes ou le danger des mauvaises liaisons, par d'Exauvillez, un vol. in-18.

Pierre-le-Grand, par M. Dubois, un vol. in-12.

Pierre Saintive, par Louis Veuillot, un vol. in-8.

Pieuse (La) **ouvrière** ou Morale en action des jeunes filles, par M. l'abbé de Labussière de Vaucé, un vol. in-18.

Pieuse (La) **paysanne** ou Vie de Louise Deschamps, un vol. in-32.

Pieux (Les) **souvenirs du pensionnat** ou Conseils paternels aux jeunes personnes qui entrent dans le monde, par M. l'abbé Sanson, 2 vol. in-12.

Placide et Narcisse ou Charité et Egoïsme, par Fortunat, un vol. in-18.

Plaidoyer religieux ou Dogme de la Confession attaqué par un vieil officier et défendu par un jeune avocat, T. P., un vol. in-18.

Politique tirée des propres paroles de l'Écriture-Sainte, par Bossuet, un vol. in-12.

Pouvoir du Pape au Moyen-Age, un vol. in-8.

Pratique de l'amour de Jésus-Christ, par le bienheureux P. B. Alp. de Liguori, un vol. in-32.

Pratique de l'amour envers Jésus-Christ, par le bienheureux Alphonse de Liguori, un vol. in-18.

Pratique du christianisme ou Nécessité de pratiquer ce que l'on croit, par l'abbé Dubois, 1 vol. in-12.

Pratique de la perfection chrétienne, par le R. P. Alphonse Rodriguez, de la Compagnie de Jésus, 6 vol. in-12.

Précis de la Vie de Jésus-Christ, par M. Peigné, un vol. in-12.

Précis de l'Histoire romaine depuis la fondation de Rome jusqu'à l'empire, par Ch. du Rozoir, un vol. in-8.

Premier plaidoyer religieux sur la divinité de la confession, un vol. in-18.

Préparation à la mort ou extrait des pensées consolantes et salutaires, un vol in-18.

Présence (De la) **de Dieu,** par le P. Gonnelieu, un vol. in-12.

Préservatif contre l'incrédulité ou lettres sur la Religion, par d'Exauvillez, 2 vol. in-18.

Principes de la Philosophie de l'Histoire, par l'abbé Frère, un vol. in-8.

Principes (Les) **fondamentaux de la Religion** ou le Catéchisme de l'âge mûr, par Alletz, un vol. in-18.

Prix (Le) **de sagesse,** un vol. in-18.

Profanation (La) **du dimanche,** par l'abbé Gaume, un vol. in-18.

Protestantisme (Le) comparé au catholicisme dans ses rapports avec la civilisation européenne, par Jacques Balmès, 3 vol. in-12.

Protestantisme (Du) et de toutes les Hérésies dans leur rapport avec le Socialisme, par Auguste Nicolas, un vol. in-8.

Providence (La) faisant tout pour le bonheur des hommes, un vol. in-12.

Q

Quarts (Les) **de nuit,** par G. de la Landelle, un vol. in-12.

Quatre années d'expérience de la Religion catholique, par J. Moore Capes, un vol. in-18.

Que la religion est aimable ou Récréation de la jeunesse catholique, un vol. in-18.

Quentin Durward, par M. d'Exauvillez, un vol. in-12.

R

Récits (Les) **du Château,** par M. B. d'Exauvillez, un vol. in-12.

Récits et Souvenirs d'un voyage en Orient, par Baptistin Poujoulat, un vol. in-12.

Récréations innocentes de la Jeunesse ou Recueil d'anecdotes, saillies, calembourgs, naïvetés, scènes de police correctionnelle, traits piquants, par M. l'abbé Devin, 2 vol. in-12.

Recueil de conversions remarquables opérées dans quelques Protestants, un vol. in-12.

Recueil de morts édifiantes, un vol. in-18.

Recueil de pratiques pieuses, pour servir de suite au Mois angélique, un vol. in-18.

Recueil de réfutations des objections contre la Religion chrétienne, par L. de Roüen, baron d'Alvimare, un vol. in-8.

Recueil de réfutations des principales objections, tirées des sciences et dirigées contre les bases de la religion chrétienne par l'incrédulité moderne, par L. de Roüen, baron d'Alvimare, un vol. in-8.

Recueil des écrits de Marie Eustelle, née à Sainte-Palais de Saintes, le 19 avril 1814, morte le 29 juin 1842, 2 vol. in-12.

Recueil de morts édifiantes, par M. B. d'Exauvillez, un vol. in-18.

Recueil des morts funestes des impies les plus célèbres, par d'Exauvillez, un vol. in-18.

Recueil des oraisons funèbres prononcées par Fléchier, évêque de Nîmes, un vol. in-12.

Réflexions chrétiennes pour tous les jours de l'année, par le R. P. F. Nepveu, de la compagnie de Jésus, un vol. in-8.

Réflexions pour chaque jour sur les Epîtres et Evangiles des dimanches et fêtes de l'année, un vol. in-18.

Réflexions, sentiments et pratiques sur la divine enfance de Jésus-Christ, par le R. P. Avrillon, un vol. in-12.

Réflexions sur l'état de la société, par un ancien député, un vol. in-12.

Règles d'une vie chrétienne, par l'abbé Prémord, 2 vol. in-12.

Règles et maximes spirituelles pour la conduite des personnes qui tendent à la perfection, par le R. P. Huby, un vol. in-32.

Regrets et consolations, par d'Exauvillez, un vol. in-18.

Relation d'un voyage à l'Abbaye de N.-D. de la Trappe du Port du Salut, un vol. in-18.

Relation des missions du Paraguay, trad. de l'italien par Muratori, un vol. in-12.

Relation du pèlerinage d'une jeune fille à Jérusalem, par M. Hte Gaucherand, 2 vol in-18.

Relation du voyage de S. A. R. madame duchesse de Berry dans la Touraine, l'Anjou, la Bretagne, la Vendée et le nord de la France, par M. Walsh, un vol. in-8.

Relation sur l'apparition de la Sainte-Vierge aux enfants de la Salette, 3 vol. in-12.

Relation très détaillée de ce qu'ont souffert pour la **Religion** les prêtres et autres ecclésiastiques français, détenus en 1794 et en 1795, pour refus de serment, à bord des vaisseaux les Deux-Associés et le Washington, etc., un vol. in-8.

Religion (La), poème et odes sacrées, par Racine fils, un vol. in-18.

Religion (La) **présentée au cœur,** par Mlle Brun, un vol. in-18.

Religion (La) **méditée,** par l'abbé Bohrbacher, 2 vol. in-12.

René d'Anjou, par Mme Claire Guermante, un vol. in-12.

René ou la Véritable source du bonheur, un vol. in-12.

Réponses courtes et familières aux objections les plus répandues contre la religion, par l'abbé de Ségur, un vol. in-18.

Retour à la foi, extrait du Triomphe de l'Évangile, un vol. in-12.

Retour des Pyrénées, un vol. in-12.

Retraite chrétienne, sur les vérités du salut, un vol. in-12.

Retraite de Bourdaloue, un vol. in-12.

Retraite de la Pentecôte, par M. F. J. Le Couturier, un vol in-18.

Retraite spirituelle appelée grande Retraite de trente jours, suivie des Règles sur le discernement des esprits, de l'Instruction sur l'art de se connaître soi-même, de quelques considérations sur les fêtes de la Sainte-Vierge, par le P. Judde, 5 vol. in-12.

Révélations (Les) **de sainte Brigite,** princesse de Suède, un vol. in-18.

Rienzi et Rome à son époque, par Félix Papencordt, traduit de l'allemand, par Léon Boré, un vol. in-8.

Robert, un vol. in-18.

Robert ou le Souvenir d'une mère, un vol. in-12.

Rob-Roy, par M. d'Exauvillez.

Rome et Lorette, par L. Veuillot, un vol. in-8.

Rosario, histoire espagnole, un vol. in-12.

Rose de Tannebourg, par Louis Friedel, un vol. in-18.

Rose et Joséphine, nouvelle historique, un vol. in-12.

Rose et Lucie ou Grandeur et Duplicité, par Mme de Sainte-Marie, un vol. in-18.

Roseline ou de la Nécessité de la Religion dans l'éducation des femmes, par Mme Tarbé des Sablons, un vol. in-8.

Rosier (Le). **La Mouche,** un vol. in-18.

Rosier (Le) suivi des **Cerises,** par le chanoine Schmid, un vol. in-18.

Route (La) **du ciel,** par Alphonse de Liguori, un vol. in-18.

Rudolphe ou l'Enfant de bénédiction, par P. Marcel, un vol. in-18.

Ruines (Les) **morales et intellectuelles,** par A. Nettement, un vol. in-8.

S

Sagesse (La) **chrétienne,** traduction libre et abrégée du Sapientia Christiana de M. l'abbé Arvisenet, un vol. in-12.

Sagesse et bonheur ou le Toit paternel, par J. B. J. Champagnac, un vol. in-12.

Sainte (La) **tunique de Notre-Seigneur Jésus-Christ,** par L. F. Guérin, un vol. in-18.

Saint-Pierre de Rome et le Vatican, par Et. Ch. de Ravensberg, un vol. in-12.

Saints (Des) **anges** et en particulier des **Anges gardiens,** un vol. in-18.

Sara ou les Heureux effets d'une éducation chrétienne, 2 vol. in-12.

Seigneur (Le) **est mon partage** ou Lettres sur la persévérance après la première communion, un vol. in-18.

Séphora ou Rome et Jérusalem, par Adrien Lemercier, un vol. in-12.

Sept (Les) **péchés et les sept vertus** ou Réflexions et traits d'histoire sur les Sept péchés capitaux et sur les sept vertus à y opposer, un vol. in-18.

Sept (Des) **paroles de Jésus-Christ** sur la croix, IVe opuscule du cardinal Bellarmin, un vol. in-18.

Séraphine ou le Catholicisme dans l'Amérique septentrionale, un vol. in-12.

Serin (Le), un vol. in-32.

Serin (Le), suivi de la Chapelle de la Forêt, par Chr. Schmid, un vol. in-18.

Sermons choisis de Fénelon, un vol. in-12.

Sermons de Bossuet, 8 vol. in-12.

Sermons de Massillon, évêque de Clermont, un vol. in-18.

Sermons du R. P. Maccarthy, de la Compagnie de Jésus, 3 vol. in-12.

Serviteurs (Les) **vertueux**, un vol. in-18.

Six jours (Les) ou Leçons d'un père à son fils sur l'origine du monde, par L.-F. Jauffret, 2 vol. in-18.

Sœurs (Les) **jumelles** ou la Vocation, un vol. in-18.

Soirée (Une) **en famille**, par Mme la princesse de Craon, 1 vol. in-12.

Soirées (Les) **artésiennes**, un vol. in-18.

Soirées (Les) **d'Achicourt** ou le Protestant converti, un vol. in-18.

Soirées (Les) **de l'ouvrier.** Lectures à une Société de secours mutuels, par Hippolyte Vicleau, un vol. in-12.

Soirées (Les) **de Saint-Pétersbourg,** par le comte J. de Maistre, 2 vol. in-8.

Soirées (Les) **romaines,** un vol. in-18.

Soirées (Les) **villageoises** ou Mélanges d'histoires et de conversations sur les principaux points de la morale chrétienne, 2 vol. in-18.

Solide (La) **vertu** ou Traité des obstacles à la solide vertu ; des moyens d'y parvenir et des motifs de la pratiquer, par le R. P. Bellacius, un vol. in-12.

Solitaire (Le) **du Mont-Carmel,** un vol. in-18.

Solitaires (Les) **d'Isola-Doma,** un vol. in-12 et in-18.

Solution de grands problèmes, mise à la portée de tous les esprits, par l'auteur de *Platon-Polichinelle,* 4 vol. in-8.

Souffrance et courage ou la Pieuse Madeleine, par Caroline Falaise, un vol. in-8.

Souffrances (Les) **de N.-S. J.-C.,** par le Père Thomas de Jésus, ouvrage traduit par le P. Allaume, de la Compagnie de Jésus, 2 vol. in-12.

Souffrances (Les) **de N.-S. J.-C.** pendant sa Passion, par le P. Thomas de Jesus, 3 vol. in-12.

Souffrances et consolations, par Mme Tarbé des Sablons, un vol. in-18.

Souffrances et résignation, un vol. in-18.

Soupirs et pratiques d'un cœur chrétien, un vol. in-12.

Souvenirs d'Angleterre, par l'abbé Robert, un vol. in-12.

Souvenirs de conférences, prônes et instructions entendus à Sainte-Valère de 1830 à 1835, 2 vol. in-12.

Souvenirs d'Italie, un vol. in-12.

Souvenirs (Les) **de l'amitié** ou Vie de Pierre-Louis Arondineau, 2 vol. in-12.

Souvenirs de la congrégation de Notre-Dame ou Vies de plusieurs jeunes élèves de la maison dite des Oiseaux, un vol. in-12.

Souvenirs d'un aumônier militaire, 1826-1850. Étude du soldat, par l'abbé Sève, un vol. in-8.

Souvenirs d'un voyage dans la Tartarie, le Thibet et la Chine pendant les années 1844, 1845, 1846, par M. Huc, prêtre Missionnaire de la congrégation de Saint-Lazare, 2 vol. in-8.

Souvenirs des petits séminaires de Saint-Acheul, Sainte-Anne, etc., un vol. in-18.

Souvenirs et Exemples, petites Notices offertes aux jeunes chrétiennes, par Mgr Chalendon, un vol. in-12.

Souvenirs et impressions de voyage, par le vicomte Walsh.

Souvenirs et regrets, par Mme Tarbé des Sablons, 1 vol. in-12.

Stéphane et Félicie ou Considérations sur les sacrements, etc., un vol. in-18.

Stigmatisées (Les) **du Tyrol**, par Léon Boré, un vol. in-12.

Suites funestes de la lecture des mauvais livres, un vol. in-18.

Supplément au dictionnaire historique, par M. l'abbé F. X. de Fellier, 4 vol. in-8.

T

Tableau des fêtes chrétiennes, par M. le vicomte Walsh, un vol. in-8.

Tableau historique de la décadence et de la destruction du paganisme en Occident, par Max. de Mont-Rond, un vol. in-12.

Tante (Ma) **Marguerite**, un vol. in-18.

Tébaldo ou le Triomphe de la Charité, histoire corse, par Mme Eugénie de la Rochère, un vol. in-8.

Tendresse (La) **maternelle**, par Mme de Sainte-Marie, un vol. in-18.

Thaïs ou le Monde et la Solitude, par l'abbé Didon, un vol. in-18.

Thaumaturge (La) **du XIXe siècle** ou sainte Philomène, un vol. in-12.

Théâtre des maisons d'Éducation, un vol. in-12.

Théodule ou l'Enfant de bénédiction , par le R. P. Marin, un vol. in-18.

Théologie à l'usage des gens du monde, par Charles Sainte-Foi, 3 vol. in-12.

Théologie du jeune chrétien, par le cardinal Robert de Bellarmin, un vol. in-12.

Thérèse ou la Pieuse ouvrière, un vol. in-18.

Thomas Morus, lord-chancelier du royaume d'Angleterre au xvie siècle, par la princesse de Craon, 2 vol. in-12.

Toscane et Rome, correspondance d'Italie, par M. Poujoulat, un vol. in-8.

Traité de confiance en la miséricorde de Dieu pour la consolation des âmes que la crainte jette dans le découragement, par l'Évêque de Soissons, un vol. in-18.

Traité de l'amour de Dieu, par saint François de Sales, 2 vol. in-12.

Traité de la différence du temps et de l'éternité, par le P. Nieremberg, un vol. in-18.

Traité de la joie de l'âme chrétienne, par le Père Ambroise de Lombez, un vol. in-18.

Traité de la paix intérieure, suivi du Traité de la joie de l'âme chrétienne, par le R. P. de Lombez, un vol. in-12.

Traité de l'obéissance, par M. Tronson, supérieur du séminaire de Saint-Sulpice, un vol. in-12.

Traité de la présence de Dieu, par le P. Gonnelieu, 1 vol. in-18.

Traité de la vraie dévotion à la Sainte-Vierge, par Grignon de Monfort, 1 vol. in-18.

Traité des devoirs des gens du monde surtout des chefs de famille, par M. Collet, un vol. in-12.

Traité du signe de la croix fait de la main, ou la Religion catholique justifiée sur l'usage de ce signe, par le R. P. N. Collin, un vol. in-12.

Traité contre les danses et les mauvaises chansons, un vol. in-12.

Traits édifiants, un vol. in-18.

Traits édifiants recueillis de l'Histoire ecclésiastique, un vol. in-12.

Traits remarquables, un vol. in-18.

Trésor (Le) **des familles chrétiennes**, par Mme Leprince de Beaumont, un vol. in-12.

Trésor (Le) **du chrétien**, par l'abbé Champion de Pontalier, 3 vol. in-12.

Trésors (Les) **de la grâce** ou Tableau des principaux moyens employés par la divine Providence pour la conversion des âmes, un vol. in-18.

Triomphe (Le) **de Jésus-Christ** dans une âme chrétienne, par le P. Jean Eudes, un vol. in-12.

Triomphe de l'humilité dans la vie du vénérable Benoît-Joseph Labre, un vol. in-18.

Triomphe de l'Eglise, en dix chants, par l'abbé Recullé, un vol. in-8.

Triomphe de l'Evangile ou Mémoires d'un homme du monde revenu des erreurs du philosophisme moderne, par J.-F.-A. Buynaud des Echelles, 4 vol. in-12.

Triomphe (Le) **de la piété filiale**, suivi de la Famille Deschamps, un vol. in-12.

Triomphe (Le) **du christianisme** sur la Barbarie ou Défaite d'Attila dans les Gaules, 2 vol. in-18.

Trois (Les) **cousins**, par d'Exauvillez, un vol. in-12.

Trois frères écossais (Les), par M. l'abbé Duchaine, 1 vol. in-12.

Trois (Les) **Rome**, journal d'un voyage en Italie, par l'abbé Gaume, 4 vol. in-8.

Trois (Les) **vocations.** Lettres dédiées aux mères chrétiennes, par M. l'abbé Auber, un vol. in-12.

U

Ulric ou le Triomphe de la confession, par d'Exauvillez, un vol. in-18.

Unique (L') **chose nécessaire** ou Réflexions, Pensées et Prières pour mourir saintement, par le R. P. de Géramb, un vol. in-12.

Urbin et Paula, par Mme de Sainte-Marie, un vol. in-18.

V

Valentin ou le Jeune ouvrier faisant son tour de France, un vol. in-18.

Valentine ou l'Ascendant de la vertu, un vol. in-18.

Vallée (La) **d'Alméria,** par M. C. W, un vol. in-18.

Variétés instructives et morales, un vol. in-18.

Veille (La) **de Noël,** un vol. in-18.

Veillées (Les) **amusantes,** un vol. in-18.

Veillées (Les) **de la chaumière et de l'atelier,** par Mme A. Andeley, un vol. in-12.

Veillées (Les) **du village,** un vol. in-18.

Veillées (Les) **d'une mère de famille,** sept nouvelles, par Mme Manceau, un vol. in-12.

Veillées (Les) **gauloises,** un vol. in-18.

Veillées (Les) **de saint Augustin,** évêque d'Hippone, par J.-B. Combe, un vol. in-12.

Vengeance ou une Scène au désert, par A. Devoille, 2 vol. in-12.

Verger (Le) **des écoliers,** histoire morale écrite pour la jeunesse, par Mme Julie Delafaye-Bréhier, un vol. in-12.

Véritable (La) **morale en action** ou Choix de faits mémorables propres à faire aimer la vertu, un vol. in-12.

Vérité (La) **de la religion** prouvée par son miraculeux établissement, par M. T. Delacroix, un vol. in-18.

Vertu (La) **parée de tous ses charmes** ou Traité sur la douceur, par l'abbé Carron, un vol. in-18.

Vertus des chrétiens, un vol. in-18.

Vertus et bienfaits des Missionnaires, un vol. in-18.

Vétérans (Les), scènes armoricaines, un vol. in-18.

Victorine et Eugénie ou Politesse et Charité, un vol. in-18.

Vie d'Alfred-le-Grand, roi d'Angleterre, par le comte de Stolberg, traduit de l'allemand par W. Duckett, un vol. in-18.

Vie d'Armelle Nicolas, par l'abbé Busson. un vol. in-12.

Vie de Benoît-Joseph Labre, trad. de l'italien de l'abbé Marconi, un vol. in-12.

Vie de Bossuet, évêque de Meaux, par F.-J. L., un vol. in-12.

Vie de dom Barthélemy des Martyrs, par Ant Caillot, un vol. in-12.

Vie de Fénelon, archevêque de Cambray, par Ant. Caillot. un vol. in-12.

Vie de Mgr Frayssinous, évêque d'Hermopolis, par M. le baron Henrion, un vol. in-8.

Vie de François Philibert, dit **Lafeuillade,** un vol. in-18.

Vie de François-Xavier Fougeroux, un vol. in-18.

Vie de Françoise des Séraphins, religieuse de l'Ordre de Saint-Dominique au monastère de Saint-Thomas-d'Aquin, un vol. in-12.

Vie de Grignon de Montfort, un vol. in-18.

Vie de Jean Berchmans, de la Compagnie de Jésus, par le P. Nicolas Frison, un vol. in-18.

Vie de Joseph, jeune Missionnaire apostolique de la congrégation des Missions étrangères, mort dans l'Inde en odeur de sainteté, le 5 septembre 1853, écrite par son frère, supérieur de séminaire, un vol. in-12.

Vie de Louis XVII, par H. Prévault, 2 vol. in-18.

Vie de Mme de Méjanès, fondatrice et première supérieure générale des Sœurs de Sainte-Chrétienne, par M. l'abbé Chalendon, un vol. in-12.

Vie de Mme de Miramion, par F.-T. de Choisy, un vol. in-12.

Vie de Mme Isabelle, sœur de saint Louis, fondatrice de l'abbaye de Longchamps, par Daniélo, un vol. in-12.

Vie de Mme Louise de France, fille de Louis XV, par l'abbé Proyard, 2 vol. in-12.

Vie de Mlle Pauline de Saint-André de la Laurencie de Villeneuve, par M. l'abbé Briant, un vol. in-12.

Vie de Marie Leckzinska, princesse de Pologne, reine de France, par l'abbé Proyard, un vol. in-12.

Vie de Marie-Thérèse de France, fille de Louis XVI, par Alfred Nettement, un vol. in-8.

Vie de messire Jean d'Aranthon d'Alex, évêque et prince de Genève, un vol. in-12.

Vie de Monseigneur Borie, évêque nommé d'Acanthe, vicaire apostoliqne du Tong-King occidental, martyr, par un Prêtre du diocèse de Tulle, un vol. in-12.

Vie de Mgr de la Motte, évêque d'Amiens, par l'abbé Proyard, un vol. in-12.

Vie de M. de Lantages, catéchiste de Saint-Sulpice, puis supérieur du séminaire du Puy, un vol. in-18.

Vie de M. de Renty, extraite de l'ouvrage du P. Saint-Jure, 2 vol. in-18.

Vie de M. l'abbé Chopard, missionnaire apostolique, apôtre des îles Nicobar, un vol. in-12.

Vie de M. l'abbé Gagelin, missionnaire apostolique et martyr, par J.-B.-S. Jacquenet, un vol. in-12.

Vie de M. l'abbé Marchand, missionnaire apostolique et martyr, par l'abbé J.-B.-S. Jacquenet, un vol. in-12.

Vie de M. Olier, curé de Saint-Sulpice, un vol. in-8.

Vie de Notre-Seigneur Jésus-Christ, par le P. Ribadeneira, un vol. in-18.

Vie de Notre-Seigneur Jésus-Christ ou Concorde des quatre Evangélistes, par M. l'abbé Arnault, un vol. in-12.

Vie de saint Alphonse de Liguori, par l'abbé Jeancard, un vol. in-8.

Vie de saint Augustin, suivi du Voyage à Hippone et des Soliloques de saint Augustin, un vol. in-18.

Vie de saint Augustin, évêque d'Hippone, un vol. in-8.

Vie de saint Bernard, par l'abbé F., un vol. in-18.

Vie de saint Dominique, précédée du Mémoire pour le rétablissement, en France, de l'Ordre des Frères prêcheurs, par le R. P. Henri-Dominique Lacordaire, un vol. in-8.

Vie de saint Filibert, fondateur des monastères de Jumiège et de Noirmoutier, par M. l'abbé Michaud, un vol. in-12.

Vie de saint François d'Assise, 2 vol. in-12.

Vie de saint François de Borgia, 2 vol. in-12.

Vie de saint François de Sales, par M. de Marsollier, 2 vol. in-12.

Vie de saint François Régis, de la Compagnie de Jésus, par le R. P. Daubenton, un vol. in-12.

Vie de saint François-Xavier, par le P. Bouhours, 2 vol. in-12. — La même, abrégée, un vol, in-18.

Vie de saint Ignace, fondateur de la Compagnie de Jésus, par le R. P. Bouhours, de la même Compagnie, un vol. in-12. — La même, traduite du latin du P. Ribadeneira, par Mlle E. de Tressan, un vol. in-12.

Vie de saint Jean de la Croix, premier Carme déchaussé, un vol. in-12.

Vie de saint Liguori, par R. Gillet, un vol. in-12.

Vie de saint Louis Bertrand, religieux de l'Ordre des Frères prêcheurs, par le R. P. Jean-André Fauré, un vol. in-12.

Vie de saint Louis de Gonzague, suivie de celle de saint Stanislas Kostka, un vol. in-12.

Vie de saint Martin, un vol. in-4. — La même, par D. S., un vol. in-12.

Vie de saint Stanislas Kostka, novice de la Compagnie de Jésus, un vol. in-12.

Vie de saint Vincent-de-Paul, par Louis Abelly, évêque de Rodez, 6 vol. in-12. — La même, par Collet, un vol. in-12.

Vie de saint Eloi, évêque de Noyon, un vol. in-8.

Vie de sainte Adélaïde, impératrice, par le baron de Nilinse, un vol. in-18.

Vie de sainte Agnès, Romaine, vierge et martyre, un vol. in 12.

Vie de sainte Angèle de Foligno, par le Frère Arnaud, un vol. in-12.

Vie de sainte Catherine de Gênes, un vol. in-12.

Vie de sainte Catherine de Bologne, par le P. Grasset, un vol. in-12.

Vie de sainte Catherine de Sienne, par le B. Raymond de Capoue, un vol in-12. — La même, par E. Chavin de Malan, 2 vol. in-8.

Vie de sainte Clotilde, reine de France, par Mme de Renneville, un vol. in-12.

Vie de sainte Françoise Romaine, traduite du latin, par l'abbé P***, 2 vol. in-12.

Vie abrégée de sainte Jeanne Frémiot de Chantal, un vol. in-12.

Vie de sainte Geneviève, patronne de Paris, par M. l'abbé P. M. Saintyves, un vol. in-8. — La même, par Mlle Brun, un vol. in-18. — La même, par D. S., un vol. in-12.

Vie de sainte Marie-Madeleine de Pazzi, par le P. Cépari, un vol. in-12.

Vie de sainte Rose, native de Lima, par le P. Jean-André Faure, un vol. in-18.

Vie de sainte Thérèse, extraite de ses Œuvres, un vol. in-12.

Vie de sainte Thérèse, par J.-B.-A. Boucher, curé de Saint-Merry, 2 vol. in-8. — La même, traduite par Arnaud d'Andilly, 2 vol in-12. — La même, d'après les auteurs espagnols et les historiens contemporains, par M. de Villefore, un vol. in-12.

Vie de sainte Zite, servante de Lucques au xiii° siècle, par M. le baron de Montreuil, un vol. in-12.

Vie de Son Altesse sérénissime Madame la princesse Louise-Adélaïde de Bourbon-Condé, religieuse bénédictine de l'adoration perpétuelle du très Saint-Sacrement, première supérieure et fondatrice du monastère du Temple, 2 vol. in-8.

Vie de Victorine de Gallard Terraube, décédée à Paris en odeur de sainteté, le 8 février 1836, un vol. in-12.

Vie de la bienheureuse Françoise d'Amboise, un vol. in-18.

Vie de la bienheureuse mère de Chantal, par l'abbé Marsollier, 2 vol. in-12.

Vie de la bienheureuse mère F. M. de Chaugy, religieuse de la Visitation de sainte Marie-d'Annecy, secrétaire de sainte Chantal, 2 vol. in-12.

Vie de la mère Marie-Aimée de Blonay, religieuse de l'Ordre de la Visitation, par Charles-Auguste de Sales, évêque de Genève, un vol. in-12.

Vie de la princesse Borghèse, née Groendaline Talbot, comtesse de Shrewsbury, par le chevalier Zéloni, un vol. in-12.

Vie de la sainte Vierge, mère de Dieu, suivie de la Vie de saint Joseph, par J. Collin de Plancy, un vol. in-18.

Vie de la très sainte Vierge méditée ou Méditations sur la très sainte Vierge, par le R. P. Alvarez de Paz, de la Compagnie de Jésus, un vol. in-12.

Vie de la vénérable mère Anne-Marguerite Clément, un vol. in-12.

Vie de la vénérable Clotilde (Marie-Xavier de France), par M. J.-D. T.; 1 vol. in-8.

Vie de la sœur Marie-Lucie-Elisabeth-Jeanne Bichier, fondatrice et supérieure de la Congrégation des Filles de la Croix, un vol. in-12.

Vie de la vénérable mère Jeanne-Marie Chézard de Matel, par le R. P. Antoine Boissieu, un vol. in-12.

Vie de la vénérable mère Louise-Eugénie de Fontaine, par une dame de qualité, un vol. in-12.

Vie de la vénérable mère Marguerite-Marie, religieuse de la Visitation sainte Marie, par Mgr J.-J. Languet, un vol. in-12. — La même, suivie du Recueil de ses écrits, 2 vol. in-12.

Vie de l'empereur Julien, par l'abbé de la Bletterie, un vol. in-12.

Vie de saint Joseph, par M Tarbé, un vol. in-18.

Vie du bienheureux Pierre Fourier, curé de Mattaincourt, un vol. in-12.

Vie du cardinal Bellarmin, de la Compagnie de Jésus, par le P. Nicolas Frizon, 2 vol. in-12.

Vie du cardinal de Cheverus, archevêque de Bordeaux, un vol. in-12.

Vie du cardinal P. Giraud, archevêque de Bordeaux, par M. l'abbé Capelle, un vol. in-8.

Vie du Dauphin, père de Louis XVI, par l'abbé Proyard, un vol. in-12.

Vie du jeune Henri Comarmond, par d'Exauvillez, un vol. in-18.

Vie du P. Brydayne, par l'abbé Carron, un vol. in-12.

Vie du P. Jean Eudes, par le P. de Montigny, un vol. in-12. — La même, par l'abbé P***, un vol. in-18.

Vie du R. P. Antoine Saulnier de Beauregard, abbé de la Trappe de Milleray, un vol. in-8.

Vie du R. P. Potot, de la Compagnie de Jésus, un vol. in-12.

Vie du serviteur de Dieu Jean-Joseph Allemand, fondateur de l'Œuvre de la jeunesse (1772-1836), par Brimello, prêtre, directeur de l'Œuvre, un vol. in-8.

Vie (La) et les vertus de la Sœur Marie de sainte Victoire Houette, un vol. in-12.

Vie et révélations de la vénérable Marguerite-Marie, par l'abbé Boulangé, un vol. in-12.

Vie politique et littéraire de Voltaire, où l'on réfute Condorcet et ses autres historiens, par M. Lepau, un vol. in-12.

Vie pratique de saint Louis de Gonzague, par R. Gillet, prêtre, un vol. in-12.

Vierges (Les) stygmatisées du Tyrol ou Particularités intéressantes sur l'extatique de Caldaro, et l'addolorata de Caprana, un vol. in-12.

Vies choisies des Pères des déserts d'Orient, par le R. P. Marin, un vol. in-12.

Vies des Dames françaises qui ont été les plus célèbres dans le XVIIᵉ siècle par leur piété et leur dévouement pour les pauvres, par M. l'abbé Carron, un vol. in-18.

Vies des grands capitaines français du Moyen-Age, par Alexandre Mazas, 5 vol. in-8.

Vies des justes dans la profession des armes, un vol. in-18.

Vies des justes dans l'état du mariage, 2 vol. in-12.

Vies des justes dans les conditions ordinaires de la Société, par l'abbé Carron, un vol. in-18.

Vies des justes dans les plus humbles conditions de la Société, par l'abbé Carron, un vol. in-18.

Vies des justes dans l'étude des Lois ou dans la Magistrature, un vol. in-12.

Vies des justes parmi les filles chrétiennes, par l'abbé Carron, un vol. in-12.

Vies des Pères des déserts d'Orient avec leur doctrine spirituelle et leur discipline monastique, par le R. P. Michel-Ange Marin, 10 vol. in-12.

Vies des premières religieuses de la Visitation sainte Marie, par L. Veuillot, 2 vol. in-8.

Vies des saints dans les plus humbles conditions de la Société ou Modèles de vertu et moyens de sanctification puisés dans les vies de saint Joseph et de saint Isidore, sainte Geneviève, saint Hommebon, saint Crépin, un vol. in-18.

Vies des saints pour tous les jours de l'année, à l'usage du peuple Fidèle, par l'abbé Rohrbacher, 6 vol. in-8.

Vies des saints du diocèse de Paris, par l'abbé Hunkler, 2 vol. in-12.

Vies des saints pour tous les jours de l'année, 2 vol. in-12.

Vies des saints, par Godescard, 10 vol. in-8.

Virginie ou la Vierge chrétienne, par le R. P. Michel-Ange Marin, un vol. in-12.

Visnelda ou le Christianisme dans les Gaules, par Mme V. M***, un vol. in-12 et in-18.

Voie (La) **qui mène à Dieu,** un vol. in-32.

Voie (La) **sanctifiante** ou Pratique pour conserver la présence de Dieu, par l'abbé Ch. M***, un vol. in-32.

Voltaire apologiste de la religion chrétienne, par Mérault, un vol. in-8.

Voyage à Hippone au commencement du v⁰ siècle, par un ami de saint Augustin, un vol. in-12.

Voyage aux Pyrénées, un vol. in-12.

Voyage de la Trappe à Rome, par le Révérend Père Marie-Joseph de Géramb, abbé et procureur général de la Trappe, un vol. in-8.

Voyage sur la mer du monde, un vol. in-12.

Voyages autour du monde, un vol. in-12.

Voyage dans l'Asie méridionale, par E. Garnier, un vol. in-12.

Voyages (Les) **de Sindbad-le-Marin,** suivis de l'histoire du Petit Bossu et plusieurs autres contes arabes, un vol. in-12.

Voyages d'un gentilhomme irlandais à la recherche d'une religion, par Thomas Moore, un vol. in-8.

Voyages au pôle nord, par Henri Lebrun, 1 vol. in-12.

Voyages en Abyssinie et en Nubie, par Henri Lebrun, un vol. in-12.

Voyages dans l'Asie méridionale, par E. Garnier, 1 vol. in-12.

Voyage en Sibérie, par N. A. Kubalski, 1 vol. in-12.

Voyage dans le Levant, par M. Forbin, 1 vol. in-8.

Voyages et aventures de La Pérouse, par F. Valentin, un vol. in-12.

Voyages et découvertes dans l'Afrique centrale et septentrionale, par Henri Lebrun, 1 vol. in-12.

Voyages et aventures du capitaine Cook, par Henri Lebrun, un vol. in-12.

Vraie (La) **Dévotion,** par le P. Grou, un vol. in-18.

Vraie (La) **et solide Piété** expliquée par saint François de Sales, 2 vol. in-12.

Vraie (La) **Sagesse** pour servir de suite à l'Imitation de N.-S. J.-C., par le même auteur, un vol. in-32.

Vrais (Les) **entretiens spirituels de saint François de Sales,** un vol. in-18.

W

Waverley ou Il y a Soixante ans, un vol. in-12.

Wilfrid ou la Prière d'une mère, par Adrien Lemercier, un vol. in-18.

Wilhem ou le Pardon du chrétien, un vol. in-18.

Wodstock ou le Cavalier, par M. d'Exauvillez, un vol. in-12.

Y

Youlofis (Les), histoire d'un prêtre et d'un militaire français chez des nègres d'Afrique, par M. de Préo, un vol. in-12.

Zoé ou la Femme légère, suivie du Curé de Bérillès, par Mme Tarbé des Sablons, un vol. in-12.

335. — Paris. — Imp. H. Simon Dautreville et Cᵉ., rue Neuve-des-Bons-Enfants. 5.